汉语言专业本科系列教材·商务类
SERIES OF CHINESE TEXTBOOKS FOR COLLEGE STUDENTS·BUSINESS

"十二五"国家重点出版物出版规划项目
国家汉办新世纪汉语本科系列教材研发项目

中级经贸汉语阅读教程

BUSINESS CHINESE READING (INTERMEDIATE)

刘文丽 编著

ERYA CHINESE

尔雅中文

北京语言大学出版社
BEIJING LANGUAGE AND CULTURE
UNIVERSITY PRESS

© 2020 北京语言大学出版社，社图号 20063

图书在版编目（CIP）数据

中级经贸汉语阅读教程 ／ 刘文丽编著 . -- 北京 ：
北京语言大学出版社，2020.9
（尔雅中文）
ISBN 978-7-5619-5671-7

Ⅰ.①中… Ⅱ.①刘… Ⅲ.①贸易－汉语－阅读教学
－对外汉语教学－教材 Ⅳ.①F7 ②H195.4

中国版本图书馆 CIP 数据核字 (2020) 第 126794 号

尔雅中文　中级经贸汉语阅读教程
ERYA ZHONGWEN ZHONGJI JINGMAO HANYU YUEDU JIAOCHENG

排版制作：北京创艺涵文化发展有限公司
责任印制：周　燚

出版发行：北京语言大学出版社
社　　址：北京市海淀区学院路 15 号，100083
网　　址：www.blcup.com
电子信箱：service@blcup.com
电　　话：编辑部　　8610-82303647/3592/3724
　　　　　国内发行　8610-82303650/3591/3648
　　　　　海外发行　8610-82303365/3080/3668
　　　　　北语书店　8610-82303653
　　　　　网购咨询　8610-82303908
印　　刷：北京鑫丰华彩印有限公司

版　　次：2020 年 9 月第 1 版　　印　　次：2020 年 9 月第 1 次印刷
开　　本：889 毫米 × 1194 毫米　1/16　　印　　张：7.25
字　　数：123 千字
定　　价：45.00 元

PRINTED IN CHINA

总　序

　　"尔雅中文——汉语言专业本科系列教材"（以下简称"尔雅中文"）是面向以汉语作为第二语言的学习者的汉语言专业本科学历教育教材，是继20世纪90年代至21世纪初出版的"对外汉语本科系列教材"之后推出的新一代大型系列教材。

　　近年来，国际职场对复合型汉语人才的需求猛增，对专业建设、教学改革、课程建设以及教材编写都提出了新的要求。我们顺应这一发展趋势，将汉语言专业的人才培养目标由以往单纯强调语言技能的"汉语专门型人才"调整为目前的具备"语言＋专业"复合能力的"汉语通用型人才"，在汉语言专业陆续增设一些新的方向，凸显汉语言专业课程体系的时代特色。但是，我们充分认识到，对于汉语言专业的学生而言，核心问题仍是如何更有利于自身语言能力的提升，特别是语言交际能力、认知能力、跨文化交际能力等综合性与复合型能力的提升。因此，虽在语言技能和语言知识课程外增设了较为系统的历史文化、国情社会、经济商务等方向的课程，但是，这些课程不是仅用来灌输知识的，而是为更好地扩展语言能力而服务的，以语言能力培养为核心的理念并未改变。

　　"尔雅中文"教材体系与专业课程体系紧密相连，包含了横向和纵向两个序列：横向上，在不断完善语言技能、语言知识、文化系列教材的基础上，增设了较为系统的商务、翻译、教学等专业方向的专业语言技能和专业知识教材；纵向上，建立起更为缜密的综合课与"听、说、读、写、译"各分技能课的一至四年级的梯度等级，平衡了一般技能课跟各序列的专业技能课、知识课的比例。横向与纵向协调发展，形成了汉语言专业本科大型教材的网状系统，最大限度地体现出专业教学的系统性、关联性、层级性和针对性，也为以汉语言专业为依托、面向汉语作为第二语言学习者的本科专业群的建设奠定了坚实的基础。"尔雅中文"教材相对应的课程序列与梯度等级如图所示：

课程序列与梯度等级示意图

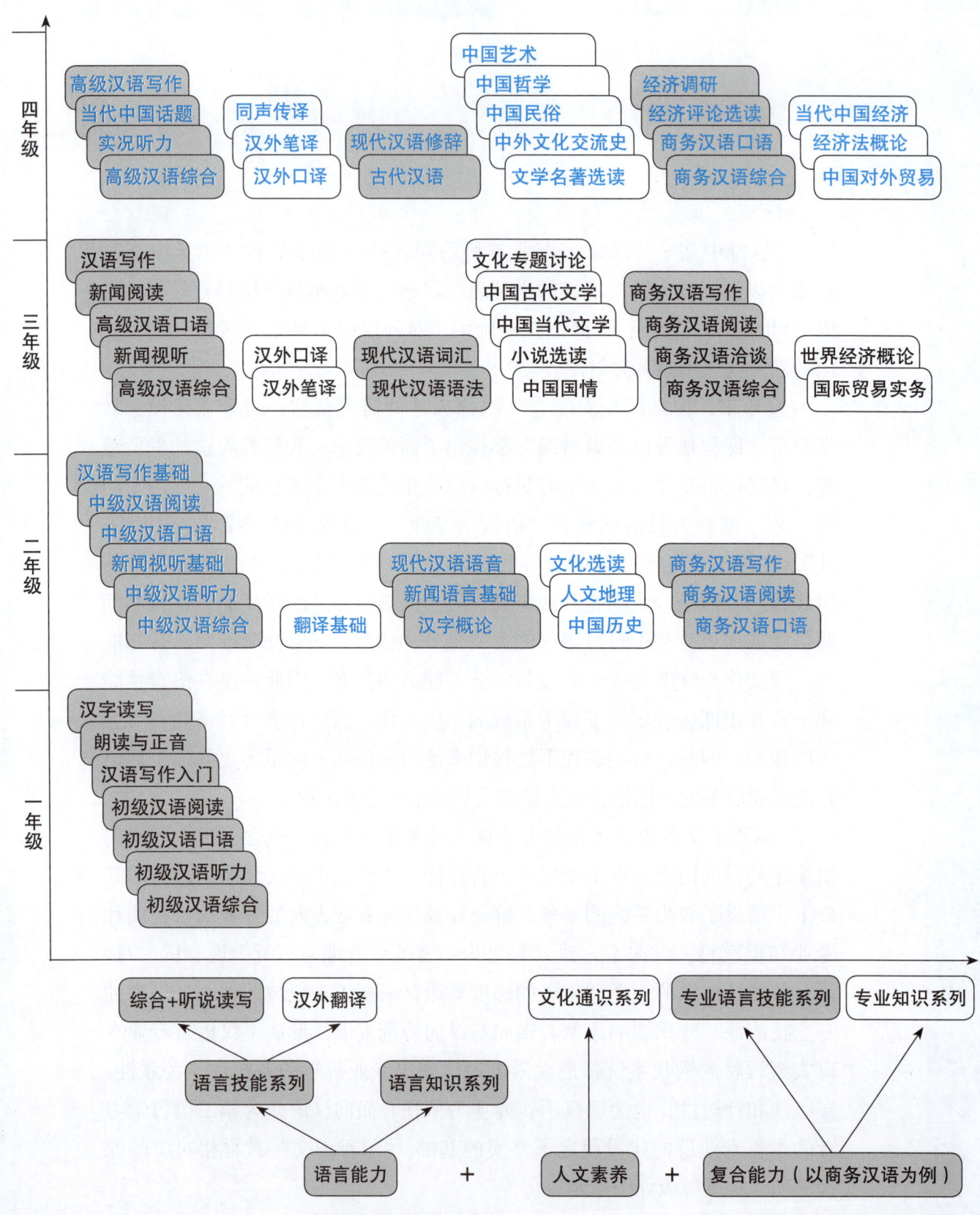

"尔雅中文"系列教材在继承上一代"对外汉语本科系列教材"长处的同时，更加贴近现实社会需要和学习者的需求，也融入了近些年汉语言专业课程建设与教学改革的多方面成果，从而呈现出崭新的面貌，形成了自己的特点。概括起来有以下四点。

一、总体设计更具系统性和前瞻性，最大限度地反映出专业人才培养的新目标

语言技能、语言知识、文化知识、专业语言技能、专业知识五大板块既相互关联，又各自独立。语言技能课程贯穿始终，凸显以养成语言能力为主的专业发展理念；文化知识序列不断丰富，体现出对汉语国际教育本质的全面认识，自觉地将提升人文素质、培养全面发展的人作为汉语言专业本科教育的最终目标。专业技能和知识课程在中高级阶段逐步增加，循序渐进，实现由初级的"语言技能＋语言知识"基础能力向中高级的"语言＋专业"综合能力的自然过渡。同时，各专业方向的教材都具有自身特色，自成体系，体现了统一中的多样性，也体现了专业人才培养模式向厚基础、宽口径、复合型的转变。

二、语言技能序列的设计更具延展性，结构更加合理

作为面向汉语作为第二语言学习者的汉语言专业本科系列教材，汉语综合技能与以"听、说、读、写"分立形成的各分技能训练无疑是其主干部分。这套教材的设计与编写，不仅填补了中高级阶段"听、说、读、写"分技能教材的诸多空白，而且增强"译"这一重要的技能，形成了"听、说、读、写、译"各自独立又相互关联的完整的分技能序列。与此同时，初、中、高各教学阶段逐层递进，且横向延伸，使得语言技能教材序列更加协调和完整。由于汉语综合课以及"听、说、读、写、译"各技能课都自成体系，具备面向初、中、高三个阶段四个年级的多层级和覆盖面广的特点，因此，教材的使用范围就不限于本科学历教育，而是对各种层次和需求的中文学习者都具有不同程度的适用性，学习者可以各取所需。

三、强化以学习者为中心的教材编写意识，跨文化视角更加突出

编写者大都为多年从事汉语作为第二语言教学工作的资深教师，基本上都有海外汉语教学的经历，对不同课型的教学原则和实践策略有着较为深入的了解和体会，对大量的同类汉语教材的编写理念、教学法以及跨文化交际理论等做过前期研究。从教师规划学习内容、层级、知识点，到编排教材中的练习及设计课堂活动，尽量从学生学习的视角和跨文化的视角出发；换言之，更加重视教材编排跟教学过程、习得过程与效果的关联程度，使语言、文化及商务的教材内容丰富而生动，以提高学生主动学习的兴趣以及课堂活动的参与度。

四、通过调查统计、大纲设计和试用试验等环节，教材编写有章可循，科学实用

新一代汉语言专业本科系列教材的编写工作于 2007 年启动，首先对原有教材、国内外市场同类教材的使用情况进行调研。编写者均为相应课型的任课教师，且大多参与过上一代教材的编写工作，对任务轻重和努力方向都有较深的体会。同时，组织资深的教学研究专家以及语言、文化、商务、翻译等领域的专家，与教材编写小组共同研讨，确立各部教材的基调，审阅推敲文稿，斟酌取舍。教材编写过程较长，各位作者付出了大量心血，已编成的教材提交出版前大多试用过几个学期，试用对象涉及来自世界 80 多个国家和地区的上千名留

学生，每学期试用后，教师都会汇总情况，分析研究，做出适当的修订、更新。

大纲是教材编写的重要前提，并贯彻于整个编写过程。教材与大纲处于动态关系之中：大纲统摄教材，但并非一成不变，教材编写促使大纲趋于完善。本系列教材主要参照《高等学校外国留学生汉语言专业教学大纲》（2002）和《新汉语水平考试大纲（1～6级）》（2009、2010），同时参酌各类语言大纲、框架、标准、词表、调查报告等研究成果，其中的各个序列、各部教材都按照自身性质与类型，研制了便于操作的词汇、语法、功能及话题大纲，既自成一体，又相互照应。对此，各部教材都有自己的编写前言，会做更详细的说明。大纲编订与教材编写相辅相成，教材一面世，大纲也随即推出，如商务汉语方向的教材编写者同时研制出版了《经贸汉语本科教学词汇大纲》（2012）。文化大纲的编订也与教材编写协调配合。这些使教材编写的科学性和内在系统性得以保障。

根据不同的课程性质和专业方向，"尔雅中文"系列教材划分为四大序列：汉语言技能与知识、汉外翻译、文化通识、商务汉语。翻译往往被视为一种语言技能，原本可归入语言技能与知识序列，但鉴于翻译能力是一种复合能力，翻译类课程及教材在一至四年级自成一体，翻译综合课、口译课、笔译课等体系完备，且涉及多个国别，所以这里单列出来。

北京语言大学面向留学生开办汉语言专业的本科学历教育始于20世纪70年代末，其成长过程历史地见证了中国改革开放以来汉语国际教育的发展。历经几代人的辛勤努力，2008年9月，汉语言专业被批准为国家级高等学校特色专业；2010年7月，汉语言专业教学团队被评为国家级教学团队，这套教材的大部分编著者均出自这一专业团队。汉语言专业的每一步改革与创新，都离不开北语几代对外汉语教育工作者的关心与鼓励，离不开学校领导及海内外专家的大力支持。这里要特别感谢北京语言大学出版社董事长、总编辑和各位责任编辑，这套教材历经数年终于得以问世，跟他们的严谨态度、耐心督促和细致工作密不可分，而教材得以入选原新闻出版总署"十二五"国家重点出版物出版规划项目，正是教材编写规划团队与编辑出版团队精诚合作的结果。

系列教材取名"尔雅"，众所周知，《尔雅》是中国古代汇集分类专门词语以供人学习的经典，这里取其字面义，"尔"通"迩"，"尔雅"指趋于雅正、得体。语言学习不是一蹴而就的，而是一个不断接近目标语和目标文化的累积过程，或许正因如此，英国人威妥玛（Thomas Francis Wade）将其所编的汉语口语和书面语教材分别命名为《语言自迩集》和《文件自迩集》。我们编写新一代汉语言专业本科系列教材，同样是希望学生通过系统的学习，逐渐接近目标语言与文化，获得较强的跨文化交际能力，最终不仅要达到较高的汉语水平，而且要更加深入地了解中国社会的政治经济和历史文化。

是为总序。

郭　鹏

于北京语言大学

编写说明

一、适用对象

　　《基础经贸汉语阅读教程》和《中级经贸汉语阅读教程》是经贸汉语入门阶段的阅读教材，是为在正规高等院校学过一年汉语或具有同等汉语水平的具有初级汉语基础的学习者编写的。

二、教材体例

　　每部教材由九课组成。每课分为"课文"、"拓展阅读"、"附录"（"概念与术语"和"背景与知识链接"）三个部分。每课的几个部分体现一个完整的经贸话题。

　　1. 课文。每课课文的选取有如下特点：第一，使学习者在课文的阅读中，能比较完整地理解一个经贸主题知识；第二，围绕一个清晰的主题，带入与主题相关的基础词汇，便于词汇的学习与理解；第三，文章的长度和难度适合汉语学习初级阶段阅读技能训练的要求；第四，学习者在阅读中可以自主获得信息和知识，并在此基础上进一步总结、讨论与思考。

　　课文前有"主题和要点"提示，课文后的练习除针对课文内容的客观练习外，为了配合课文主题，还设有"讨论"和"小组任务"，目的是考查学习者对课堂学习内容的消化理解程度，督促学习者结合实际延伸思考，并进行有针对性的课外阅读，拓展其学习范围，培养其课外阅读的习惯，提高其就一定主题查找、阅读、整理资料并输出的能力。

　　2. 拓展阅读。拓展阅读是配合课文编写的，目的是扩大阅读量，增加阅读难度，复习学过的词汇和拓展新词汇，满足学习者多层次的阅读需求。

　　3. 附录。附录是配合课文补充的相关专业知识及背景知识，可以为教师和学习者提供参考。

三、编写思路与特点

经贸汉语知识、经贸专业知识（包括经贸专业知识和相关背景知识）、阅读技能训练是经贸汉语阅读类教材的三条主线。本教材以经贸汉语知识、阅读技能训练为核心，经贸专业知识尽量融合在"课文"与"拓展阅读"之中，并以"主题和要点""附录"为辅助。目的是让学习者通过阅读学习基础阶段的典型经贸词汇，逐步熟悉经贸汉语的语体特点，了解基础的经贸知识和理念以及现实经济状况等基本问题，并养成科学的视角和思维习惯，为经贸汉语高级阶段的学习和更深层次的阅读打下基础。

教材的编写特点如下。

1. 充分考虑经贸汉语入门阶段的教学特点。经贸汉语初学者知识结构的特点是：有初级汉语基础，但基本没有经贸专业知识和经贸词汇储备。因此，教材从基础经贸词汇和贴近生活的经贸话题入手，注意与初级阶段汉语水平的衔接，阅读材料以陈述性语言居多，尽量删减复杂的长句，降低经贸知识的专业性。因此，教材非常适合入门阶段经贸汉语学习者的学习，也很适合没有平行的其他经贸类课程（如经贸汉语综合课等经贸类语言课、经贸专业知识课）辅助的经贸汉语学习者使用。

2. 对阅读材料的专业性进行处理。经贸汉语作为专门用途语言，具有知识性强的特点。考虑到这个阶段学习者的语言基础与能力以及专业知识的储备，不适合专业性较强的经贸知识的学习，因此教材的课文没有从经贸知识的角度划分专题。对于经贸专业知识这条线索，教材主要从辅助语言知识学习、体现阅读教材的特点出发，同时兼顾专业知识的科学性、系统性。具体处理办法是，专业知识的介绍围绕课文内容，尽量渗透在经贸语言知识的学习和阅读技能的训练之中，使学习者能够在阅读中自主获得信息和知识。

3. 重视经贸词汇。词汇是经贸汉语入门阶段的一个重要问题，为此教材尽量给出了典型例句和解释，这样做是考虑了这一学习阶段的学习者经贸汉语词汇基本是空白的特点。同时，教材在阅读材料的选择上，充分考虑了词语的复现率。在教材课文与拓展阅读的阅读材料中，经贸词语的复现率比较高，便于学习者对重点经贸词语的复习和深化理解。经贸概念与术语是很特殊的词汇，它可能是词，也可能是词组，是经贸领域用来表示严格规定的意义的专门用语，专业性和知识性很强。学习者最初接触这些词汇时，了解其科学的解释是十分必要的。因此教材在附录部分对这些词汇做了进一步的解释与说明，一方面注意体现知识的专业性、系统性，一方面释义尽量浅易、简明。

4. 通过对阅读材料话题的选择，一定程度上解决了经贸阅读材料时效性强的问题。教材选取反映基础性、原则性经济理念的浅易案例和经贸领域的常规性话题，尽量避开时效性较强的事件性、新闻性话题，这使阅读材料具有更强的生命力。

5. 全面的阅读能力和语言技能的训练。阅读技能的发展与听、说、写等技能的发展既相互促进又相辅相成，同时，阅读又可以分为不同类型。因此教材编写既注意兼顾了不同种类的阅读训练，如设置了快速阅读、拓展阅读；又考虑了阅读技能与其他各项语言技能的贯通，如设计了总结理解性的阅读练习以及有针对性的思考题和课外任务等。

四、使用建议

　　教材适合每周 2 ～ 4 学时的经贸汉语阅读课使用。"课文""拓展阅读""附录"几个板块是相对独立的，几个板块内部的各部分也是相对独立的，难易度也有一定的匹配，教师可根据自己的课程设置情况和学习者的情况自主取舍，灵活选用。附录部分也可以供学有余力的学习者作为课外阅读使用。

编者

2020 年 6 月

语法术语缩略形式表

语法术语	拼音	英文	缩略形式
名词	míngcí	noun	*n.*
代词	dàicí	pronoun	*pron.*
动词	dòngcí	verb	*v.*
形容词	xíngróngcí	adjective	*adj.*
副词	fùcí	adverb	*adv.*
数词	shùcí	numeral	*num.*
量词	liàngcí	measure word	*m.*
介词	jiècí	preposition	*prep.*
助词	zhùcí	particle	*pt.*
连词	liáncí	conjunction	*conj.*
叹词	tàncí	interjection	*int.*
象声词	xiàngshēngcí	onomatopoeia	*ono.*
前缀	qiánzhuì	prefix	*pref.*
后缀	hòuzhuì	suffix	*suf.*
主语	zhǔyǔ	Subject	S
谓语	wèiyǔ	Predicate	P
宾语	bīnyǔ	Object	O
定语	dìngyǔ	Attributive	
状语	zhuàngyǔ	Adverbial	
补语	bǔyǔ	Complement	C

目　录

第一课　沃尔玛[1]的海外扩张

主题和要点

　　经济全球化是第二次世界大战以来世界经济发展的重要趋势，其表现之一就是跨国公司生产经营的全球化。20世纪90年代以来，经济全球化的趋势不断加强，跨国公司在全球范围的投资与扩张也进入快速发展时期，其经营范围和经营形式也日益广泛和多样化。这篇课文介绍的是美国零售业巨头——沃尔玛公司在海外市场扩张的情况。

阅读本文时重点关注：

1. 跨国公司进入海外市场的模式有哪些；
2. 沃尔玛进入海外市场的情况；
3. 沃尔玛以不同模式进入不同市场的原因。

课　文

一、热身：阅读前熟悉下列词语

1	扩张	kuòzhāng	v.	扩大（势力、疆土等）to expand	20世纪90年代初，沃尔玛开始向国际市场扩张。
2	巨头	jùtóu	n.	政治、经济界等有较大势力，能左右局势的人 magnate, giant	
3	模式	móshì	n.	（可以照着做的）标准形式 model, pattern	经营模式／管理模式；学习生词—阅读课文—做练习，这是我们上课的基本模式。

1　沃尔玛即沃尔玛百货有限公司，Walmart Stores, Inc.。

4	收购	shōugòu	v.	从各处买进 to acquire, to purchase	由于生产需要，我们厂需要大量收购羽绒。 通过收购 W 公司，沃尔玛进入了加拿大市场。
5	现成	xiànchéng	adj.	已经准备好的，原有的 ready-made	现在很多人没时间自己做泡菜，他们一般去超市买现成的。
6	创立	chuànglì	v.	初次建立（公司、机构等） to start (a company, organization, etc.)	这家公司是 1980 年创立的。 他离开了原先工作的那家公司，自己创立了一家新公司。
7	破产	pòchǎn	v.	to go bankrupt	
8	乘机	chéngjī	adv.	利用机会。机，机会 to take the chance	她正在打电话，小偷儿乘机偷走了她的钱包。
9	积累	jīlěi	v.	逐渐地积聚 to accumulate	他在公司工作了 20 年，积累了很多经验。
10	改造	gǎizào	v.	修改或改变原来的事物，使适合需要 to reform, to remould	这个老房子改造以后，变得漂亮、舒适多了。 为了节约能源，公司正在对原来的机器进行改造。
11	被动	bèidòng	adj.	（事情）由于遇到阻力或干扰，不能按照自己的意图进行 passive	这次足球比赛，A 队一开始就落后了两个球，在比赛中一直很被动。
12	移植	yízhí	v.	原义指将植物移动到其他地点种植，也比喻引进经验、长处、做法等 to transplant, to introduce	这棵树是从别的地方移植过来的。 沃尔玛将在美国的成功经验移植到其他国家。
13	案例	ànlì	n.	案件的例子 case	这是一个国际贸易的失败案例。 这是小企业打入国际市场的成功案例。
14	合资公司	hézī gōngsī		joint venture	

15	开拓	kāituò	v.	开辟，扩展 to exploit, to open up	我们已经成功打入了中国市场，日后将逐渐开拓亚洲其他国家的市场。
16	领袖	lǐngxiù	n.	国家、政治团体、群众组织等的最高领导人 leader	
17	转让	zhuǎnràng	v.	把东西或权利让给别人 to transfer, to make over	技术转让； 我要买辆新车，这辆旧车我打算转让给别人。
18	损失	sǔnshī	n.	消耗或失去的东西 loss, damage	大火烧掉了我们的房屋，我们的损失很大。
19	本土化	běntǔhuà		localization	进入海外后，公司将利用本土化的食品抢占当地市场。 在海外市场，我们要迅速了解环境，使我们的业务本土化。
20	照搬	zhàobān	v.	照原样不动地搬用（现成的方法、经验、教材等） to copy, to indiscriminately imitate	汉语和英语的语法不同，因此在翻译时，不能完全照搬英语的顺序。 学习外国经验的时候，也要考虑本国国情，不能完全照搬。
21	策略	cèlüè	n.	实现目标的方案、方法 tactics, strategy	面对成本的上升，我们公司的策略是不断提高生产效率。 根据国际环境的变化，我们不断调整进入海外市场的策略。

二、问题浏览：阅读前快速浏览下列问题

（一）信息查找。

1. 20 世纪 90 年代初，由于美国经济增长趋缓，沃尔玛开始_____。

2. 沃尔玛进入_____市场，是把在美国国内的经营模式移植到海外的成功案例。

3. 开拓海外市场也面临着_____。

4. 在德国，沃尔玛在经营_____年后全部撤出，损失高达_____美元。

5. 全球化就要本土化，每一个国家和地区的资源、文化、竞争环境都是不同的，完全照搬_____，必然会遇到各种问题。

（二）回答问题。

    1. 进入海外市场，沃尔玛可以选择的几种模式是什么？

    2. 进入加拿大和墨西哥市场，沃尔玛分别选择的是哪一种模式？

    3. 加拿大的 W 公司和墨西哥的 C 公司有什么不同？

    4. 沃尔玛经营不顺利的国家和地区有哪些？

三、快速阅读：快速阅读课文，回答上面的问题

沃尔玛的海外扩张

（字数：752　时间：4～6分钟）

沃尔玛是美国零售业巨头。20 世纪 90 年代初，由于美国经济增长趋缓，沃尔玛开始向国际市场扩张。

进入海外市场，沃尔玛面临几种扩张模式：要么收购一家现成的当地企业；要么同当地企业联合经营；要么从头开始，创立新的企业。

1994 年，沃尔玛通过整体收购的方式进入了加拿大市场。当时，加拿大的 W 公司经营不善，濒临破产，沃尔玛乘机收购了这家公司。之所以选择这个方案，主要是因为：首先，加拿大是一个成熟的市场，从头开始创立新企业无利可图，增加的新商店只会加剧当地已经非常激烈的竞争；其次，加拿大市场的情况与美国极为接近，沃尔玛几乎不需要积累什么新经验。

收购 W 公司后，沃尔玛按照自己成功的经营模式，对公司进行了改造，扭转了 W 公司的被动局面，成为把在美国国内的经营模式移植到海外的成功案例。

而在打入墨西哥市场时，沃尔玛则采取了另外一种方式。当时，沃尔玛需要深入了解当地的市场状况，并根据当地的环境调整经营方式。因此，沃尔玛与墨西哥最大的零售商 C 公司共同投资，组建了一个合资公司，依靠 C 公司多年的本土经营经验，应对墨西哥多变的经营环境。

开拓海外市场也面临着高风险，20 多年来，沃尔玛的海外扩张并不尽如人意。虽然在加拿大、墨西哥，沃尔玛已经成为当地零售业的领袖，但在韩国、德国等国家和地区，沃尔玛却经历了各种各样的挫折。2006 年，沃尔玛将在韩国的分店转让出去，正式退出了韩国市场。在欧洲最重要的市场——德国，沃尔玛在经营 8 年后全部撤出，损失高达 10 亿美元。此外，沃尔玛也先后退出了日本、印度尼西亚等亚洲市场。

全球化就要本土化，每一个国家和地区的资源、文化、竞争环境都是不同的，完全照搬美国模式，必然会遇到各种问题。而且，有些在美国的优势也很难移植到其他国家。

当然，失败未尝不是一件好事，沃尔玛也在不断调整策略，并没有停止海外扩张的步伐。

（选编自：《沃尔玛的全球化道路》，2004-11-02。网址为 http://www.linkshop.com.cn/web/oversea_show.aspx?ArticleId=5575。）

四、仔细阅读： 仔细阅读课文，完成下列练习

（一）根据课文内容判断正误。

1. 沃尔玛收购 W 公司时，W 公司的经营状况很不好。（　　　）
2. 沃尔玛进入加拿大时，加拿大市场的竞争不是很激烈。（　　　）
3. 在加拿大、墨西哥的零售市场中，沃尔玛已经处于领导地位。（　　　）
4. 沃尔玛在美国建立的成功模式，并不一定适合所有国家。（　　　）
5. 由于经营失败，沃尔玛已经停止了在海外的扩张。（　　　）

（二）结合课文解释词语。

1. 趋缓＿＿＿＿＿＿＿＿＿＿＿＿　　2. 濒临＿＿＿＿＿＿＿＿＿＿＿＿

3. 加剧＿＿＿＿＿＿＿＿＿＿＿＿　　4. 扭转＿＿＿＿＿＿＿＿＿＿＿＿

5. 调整＿＿＿＿＿＿＿＿＿＿＿＿　　6. 不尽如人意＿＿＿＿＿＿＿＿＿＿

7. 挫折＿＿＿＿＿＿＿＿＿＿＿＿

（三）根据课文内容回答下列问题。

1. 沃尔玛选择通过整体收购的方式进入加拿大市场的原因是什么？
2. 为什么说进入加拿大市场是沃尔玛把在美国国内的经营模式移植到海外的成功案例？
3. 在打入墨西哥市场时，沃尔玛为什么采取了与 C 公司合资的方式？
4. 沃尔玛的海外扩张在哪些国家和地区并不成功？为什么？
5. "失败未尝不是一件好事"，这句话是什么意思？

（四）理解与归纳。

1. 课文第五段的主题是什么？

＿＿＿＿＿＿＿＿＿＿＿＿＿＿＿＿＿＿＿＿＿＿＿＿＿＿＿＿＿＿＿＿＿＿＿＿

2. 课文第六段的主题是什么？

＿＿＿＿＿＿＿＿＿＿＿＿＿＿＿＿＿＿＿＿＿＿＿＿＿＿＿＿＿＿＿＿＿＿＿＿

（五）长句分析：找出每组句子中的相同结构。

1. 第一组：

（1）虽然这件衣服的价格比较贵，但是它的设计和面料都相当不错。

（2）虽然在加拿大、墨西哥，沃尔玛已经成为当地零售业的领袖，但在韩国、德国等国家和地区，沃尔玛却经历了各种各样的挫折。

_____

2. 第二组：

（1）拳头产品在美国的顺利销售，成为 A 公司打开美国市场的标志。

（2）收购 W 公司后，沃尔玛按照自己成功的经营模式，对公司进行了改造，扭转了 W 公司的被动局面，成为把在美国国内的经营模式移植到海外的成功案例。

_____

（六）讨论：查找相关资料，谈谈你对下面问题的看法。

1. 谈谈跨国企业进入海外市场的三种模式的利弊。

_____

2. 为什么课文说失败未尝不是一件好事？

_____

五、课外任务：完成下列练习与任务

1. **词语练习**：参考课文写出下列词语的搭配。

市场_____　　　模式_____　　　经营_____

濒临_____　　　加剧_____　　　积累_____

局面_____　　　调整_____　　　风险_____

2. **小组任务**：查找相关资料，完成下面的小组报告（任选其一）。

（1）介绍一个企业在海外的发展情况，并分析其成功或失败的原因。

（2）选择一个沃尔玛海外扩张失败的市场，介绍其基本情况并简要分析失败的原因。

（3）介绍沃尔玛在某一海外市场的经营状况，并简要分析其得失。

拓展阅读

（一）沃尔玛与西尔斯的竞争

　　西尔斯公司创立于 1893 年。在 1992 年以前，它一直是美国最大的私人零售企业，它在美国零售业的普及程度令人吃惊——美国每 10 人中就有 8 人一年至少去西尔斯购物一次。

　　西尔斯一向以中下阶层为主要目标消费群体。与沃尔玛一样，商品价格低廉是它的主要卖点。但进入 20 世纪 90 年代以后，西尔斯被只有几十年历史的沃尔玛<u>赶超</u>。西尔斯因而改变了经营策略，进行多元化经营——把经营范围扩大到金融、不动产等行业。为什么在零售业的战场上，沃尔玛能够战胜稳居<u>霸主</u>地位多年的西尔斯？

　　在经营策略上，针对不同层次的目标消费者，沃尔玛选择了不同的零售形式。第二次世界大战后，美国消费者的层次不断变化，原来的中下阶层已逐渐分化为"中上"和"下"两个阶层。针对这一变化，沃尔玛果断采取了不同经营形式的品牌策略。其中山姆会员店和沃尔玛购物广场主要针对下层消费者，努力为他们减少开支，因而争取到了原来属于西尔斯的大部分顾客。沃尔玛创立的另一种经营形式——沃尔玛综合性百货商店——则装修气派，规模庞大，出售的商品多种多样、独具特色。比较起来，西尔斯出售的商品多是一些朴实的样式，缺乏特色，因此中上阶层的顾客当然也就不再留恋西尔斯公司。由于沃尔玛从这两方面同时对西尔斯提出挑战并发起进攻，所以西尔斯无力与之<u>抗衡</u>，终于让出了零售业<u>盟主</u>的位置。

　　（选编自：朱翙敏、卢泰宏，《零售王国沃尔玛》，《销售与市场》，1997 年第 1 期。）

1. 判断正误。

　　（1）西尔斯公司在美国零售业的市场占有率曾经非常高。（　　　）

　　（2）因为在零售业方面与沃尔玛竞争失利，西尔斯公司已经不再继续经营了。（　　　）

2. 解释词语。

　　（1）赶超＿＿＿＿＿＿＿＿＿＿＿＿　　（2）霸主＿＿＿＿＿＿＿＿＿＿＿＿

　　（3）抗衡＿＿＿＿＿＿＿＿＿＿＿＿　　（4）盟主＿＿＿＿＿＿＿＿＿＿＿＿

3. 回答问题。

　　（1）西尔斯的主要目标消费群体是什么？

　　（2）西尔斯与沃尔玛的共同点是什么？

　　（3）第二次世界大战后，美国的消费者出现了哪些变化？

（4）山姆会员店和沃尔玛购物广场主要针对哪类消费者？

（5）中上阶层的顾客不再留恋西尔斯公司的原因是什么？

（6）"沃尔玛从这两方面同时对西尔斯提出挑战并发起进攻"中的"这两方面"指的是什么？

4. 理解与归纳。

（1）根据短文，简单介绍一下 20 世纪 90 年代以前的西尔斯。

（2）根据短文，总结西尔斯与沃尔玛竞争失利的原因。

 （二）沃尔玛的自有品牌

　　沃尔玛的一些大型超市都在积极开发和推广"质优价更优"的自有品牌。这些超市推出的自有品牌商品，已经覆盖了食品、家居用品、服装、鞋类等主打品类。自有品牌商品的生产厂家都经过严格的审核和产品检测，确保每件商品都拥有领先同类品牌的优良品质；同时，自有品牌商品均由生产厂家直接生产，节省了中间环节和费用，特别是广告推广费和超市入场费，并通过规模效应降低销售成本，售价比同类商品更具竞争力。沃尔玛主打的 3 个品牌分别是：Great Value（中文译为"惠宜"），主要覆盖多个系列的食品和非食品；Mainstays，主要覆盖家居用品；Simply Basic，主要覆盖服装产品。

　　（选编自：《沃尔玛自有品牌》。网址为 http://www.wal-martchina.com/promotion/pb/index.htm。）

1. 判断正误。

（1）沃尔玛的自有品牌商品比同类品牌商品的品质要好。（　　　）

（2）沃尔玛的自有品牌商品比同类品牌商品的售价便宜。（　　　）

2. 回答问题。

（1）说说"质优价更优"是什么意思。

（2）沃尔玛的自有品牌商品是怎样保证优质的？

（3）沃尔玛的自有品牌商品是怎样保证低价的？

3. 查一查。

（1）上网查资料，看看"自有品牌"和"规模效应"是什么意思。

（2）查词典，看看"覆盖、审核、检测"是什么意思。

（三）

所有的大型连锁超市都采取低价经营策略，沃尔玛的<u>与众不同</u>在于，它想尽一切办法从进货渠道、分销方式、营销费用以及行政开支等各方面节省资金，提出了"天天平价，始终如一"的口号，并努力实现价格比其他商家更便宜的承诺。严谨的采购态度、完善的发货系统和先进的存货管理方式，是沃尔玛做到成本最低、价格最便宜的关键因素。其创始人沃尔顿曾说过："我们重视每一分钱的价值，因为我们服务的宗旨之一就是帮每一位进店购物的顾客省钱。每当我们省下一块钱，就赢得了顾客的一份信任。"<u>为此</u>，他要求每位采购人员在采购货品时态度要坚决。他告诫采购人员说："你们不是在为商店讨价还价，而是在为顾客讨价还价，我们应该为顾客争取到最好的价格。"

（选编自：朱翊敏、卢泰宏，《零售王国沃尔玛》，《销售与市场》，1997 年第 1 期。）

1. 解释词语。

（1）与众不同＿＿＿＿＿＿＿＿＿　　　（2）为此＿＿＿＿＿＿＿＿＿

2. 回答问题。

（1）沃尔玛的与众不同之处是什么？

（2）沃尔玛做到成本最低、价格最便宜的关键因素是什么？

3. 理解与归纳。

（1）根据短文简单介绍一下沃尔顿。

（2）这段短文的主题是什么？

（四）

沃尔玛的电脑系统是仅次于美国军方的电脑系统，比微软总部的服务器还多。沃尔玛总部的高速电脑与全世界的沃尔玛商店连接，通过商店付款台售出的每一件货物，都会自动记入电脑。当某一货品的库存减少到一定数量时，电脑就会发出信号，提醒商店及时向总部要求进货。总部安排货源后，会送往离商店最近的一个发货中心，再由发货中心的电脑安排送货时间和路线。这样，在商店提交订单后的 24 小时内，所需的货品就会出现在仓库的货架上。这种高效率的存货管理方式，使公司能迅速掌握销售情况和市场需求趋势，及时补充库存，从而减少了资金积压的额度，加快了资金周转速度。

（选编自：《美国卖场没"人气"却盈利》，2016-07-05。网址为 http://finance.china.com.cn/roll/20160705/3796746.shtml。）

1. 判断正误。

（1）沃尔玛的电脑系统比美国军方的电脑系统还要好。（　　　）

（2）沃尔玛的库存补充非常迅速。（　　　）

2. 回答问题。

（1）简单描述一下沃尔玛高效的存货管理方式。

（2）沃尔玛高效的存货管理方式有什么好处？

（3）给这段短文拟一个标题。

附 录 ➜

一、概念与术语

收购（to acquire, to purchase）：一家企业购买另一家企业的股票或资产，以获得对目标企业的控制权的行为。

破产（to go bankrupt）：指当债务人的全部资产无法清偿到期债务时，通过一定的法律程序将债务人的全部资产赔偿给债权人。但人们习惯上把个人或者公司停止继续经营也叫作破产。

经营模式（business model）：企业根据经营宗旨，为实现企业所确认的价值定位而采取的某一类方式方法的总称。包括企业为实现价值定位所规定的业务范围、企业在产业链中的位置，以及在这样的定位下实现价值的方式和方法。

合资公司（joint venture）：两个或两个以上的投资者共同出资成立，分别拥有部分股权，并共同分享利润、支出、风险及对该公司的控制权的公司。

本土化（localization）：使外来产品、技术等具有鲜明的本民族或本地区的特色。跨国公司的海外子公司在东道国从事生产和经营活动的过程中，为迅速适应东道国的经济、文化、政治环境，淡化企业的母国色彩，在人员、资金、产品零部件来源、技术开发等方面实施本土化战略，使其成为地道的当地公司。本土化战略又叫当地响应能力、当地化经营。

二、背景与知识链接

（一）沃尔玛百货有限公司

沃尔玛百货有限公司是美国的一家世界性连锁企业，是全球最大的公司之一，其控股人为沃尔顿家族，总部位于美国阿肯色州的本顿维尔。沃尔玛主要涉足零售业，是世界上雇员最多的企业之一，曾连续多年在美国《财富》杂志全球500强企业中居首位。

沃尔玛于 1996 年进入中国，在深圳开设了第一家沃尔玛购物广场和山姆会员店。沃尔玛在中国还经营着其他多种业态。

（二）本土化战略

本土化是现代营销观念的反映，它的核心是：企业的一切经营活动以消费者为核心，而不是以商家的喜好、习惯为准绳，企业规范必须随地区性变化引起的顾客变化而改变。

现代管理学理论普遍认为，海外企业最核心的战略就是实现本土化，其实质是公司将生产、营销、管理、人事等经营的诸方面完全融入当地社会。这有利于跨国公司降低海外派遣人员和跨国经营的高昂费用，与当地社会文化更好地融合，减少当地社会对外来资本的危机情绪，也有利于东道国的经济安全，增加其就业机会，变革其管理，加速东道国与国际接轨。这也是在世界经济进一步全球化、自由化发展的环境下，进行海外扩张的公司为在全球范围内有效配置有限资源、保持竞争优势的需要。

第二课 翠丰在中国市场的采购决策

主题和要点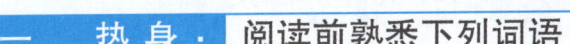

　　经济全球化使全球性的资源配置发生变化。利用全球的资源，在世界范围内寻找供应商，寻找质量更好、价格更合理的产品已经成为趋势。这也使低成本国家的供应商变得非常具有吸引力，中国正是这一趋势的最大受益者之一。加入 WTO 以后，更加开放的市场环境、明显的价格优势和高质量的产品，吸引着众多国际企业来中国采购。这篇课文介绍的就是大型零售企业——翠丰在中国市场的采购情况。

阅读本文时重点关注：

1. 翠丰为什么加大了在中国的采购力度；
2. 影响翠丰采购决策的因素有哪些；
3. 翠丰是怎样确定、调整和降低采购价格的；
4. 采购产品的质量、交货期对翠丰的重要性。

课　文

一、热身：阅读前熟悉下列词语

1	竞争力	jìngzhēng-lì	竞争对象在相互比较中显示出的优势和实力 competitiveness	由于成本低，这些服装的价格在国际市场上很有竞争力。
2	力度	lìdù	n.	力量大小的程度 strength, force	旺季过后，很多商家都加大了促销力度。 因为中国的产品越来越有竞争力，所以很多企业都加大了在中国的采购力度。

3	预期	yùqī	v.	预先期待 to expect, to anticipate	预期利润； 这家新开的餐厅生意非常好，一年下来，利润超过了老板预期的目标。
4	分销	fēnxiāo	v.	to distribute; distribution	
5	供应商	gōngyìng-shāng		供应商品的个人或法人 supplier	A公司长期给B公司供货，A公司是B公司的供应商。
6	类似	lèisì	v.	大致相像 to be similar	要找出犯错误的原因，避免再犯类似的错误。 A公司是我们最大的竞争对手，生产的产品和我们的类似。
7	反馈	fǎnkuì	v.	（信息、反映等）返回 to give feedback	意见反馈单； 市场销售情况应及时反馈给生产部门。
8	改进	gǎijìn	v.	改变旧的状况，使进步 to improve	这种商品的包装太普通了，需要改进一下。
9	财产	cáichǎn	n.	property, possessions	
10	赔偿	péicháng	v.	因自己的行为使他人或集体受损失而给予补偿 to compensate	打坏了店里的餐具，要按照市场价格赔偿。 A公司应按合同约定赔偿我公司损失。
11	起诉	qǐsù	v.	向法院提起诉讼 to sue, to prosecute	A公司不肯赔偿我们的损失，我们不得不起诉他们。
12	断货	duàn huò		货物卖光了，供应不上 to be out of stock	这种商品非常受欢迎，刚一上市就断货了。
13	投诉	tóusù	v.	请求管理部门或管理人员等依法保护合法权益 to complain, to lodge a complaint	那名服务员的服务态度不好，我要向主管投诉他。

二、问题浏览： 阅读前快速浏览下列问题

（一）信息查找。

　　1.随着中国产品在国际市场上越来越有竞争力，一些大型国际企业都_____。

2. 在确定采购价格时，翠丰首先要做_____。

3. 翠丰会按照确定的目标采购价格去寻找合适的供应商，他们会比较_____，然后与_____谈判，确定最终采购价格，签订采购合同。

4. 零售业的市场竞争十分激烈，因此翠丰的采购价也会经常_____。

（二）回答问题。

1. 翠丰在决定是否采购一种产品时，重点要考虑哪些因素？

2. 在确定目标采购价格时，翠丰要考虑哪些因素？

3. 翠丰与供应商的关系怎么样？

三、快速阅读：快速阅读课文，回答上面的问题

 翠丰在中国市场的采购决策

（字数：711　时间：3～5分钟）

翠丰很早就开始在中国市场采购了。随着中国产品在国际市场上越来越有竞争力，一些大型国际企业都加大了在中国的采购力度，翠丰也不例外。翠丰在决定是否采购一种产品时，重点考虑的是价格是否有竞争力、产品质量是否优良、交货是否准时。

在确定采购价格时，翠丰首先要做市场调查。他们会比较市场上其他商家的零售价格，同时也要考虑自己的预期利润、运费、分销成本、进口关税等，据此确定目标采购价格。翠丰会按照这个价格去寻找合适的供应商，他们会比较数家供应商的报价，然后与合适的供应商谈判，确定最终采购价格，签订采购合同。

零售业的市场竞争十分激烈，因此翠丰的采购价也会经常调整。如果竞争对手的类似产品出现了更便宜的价格，翠丰会马上降低零售价，同时他们会将信息反馈给供应商，促使其降低供货价格。翠丰还时刻关注所有可能影响采购价格的因素，比如原材料价格的变化、政府政策的调整等。如果一种产品的原材料价格下降了，他们也会要求供应商降低价格。

翠丰希望和供应商建立长期、双赢的合作关系，而不是一次性的买卖关系，因此他们会帮助供应商提高价格的竞争力。他们会考察主要供应商的整个生产过程，以及管理、原材料供应等环节，找出可以降低成本、节约资源的地方，帮助供应商设计改进方案。供应商的成本降低了，效率提高了，翠丰的采购价格也就降低了。

价格虽然重要，但并不是谁的报价低谁就能得到订单。翠丰也很重视产品的质量和交货期这两个因素。产品质量有问题，不仅会滞销，影响翠丰的信誉，而且如果顾客因为购买的产品质量有问题而受到了人身伤害或财产损失，翠丰不仅要赔偿损失，甚至还可能被起诉；如果已经订好的货物不能按时交货，商场就有可能断货，这也会引起顾客的投

诉，影响商场的信誉和经营。

（选编自：黄泰山，《Kingfisher 的采购定价因素》，《进出口经理人》，2008 年第 10 期。）

四、仔细阅读：仔细阅读课文，完成下列练习

（一）根据课文内容判断正误。

1. 翠丰在中国的采购越来越多了。（　　）

2. 在确定采购价格时，翠丰只考虑供应商的报价。（　　）

3. 如果竞争对手的类似产品出现了更便宜的价格，翠丰的供应商也会很快知道。（　　）

4. 帮助供应商降低成本，对翠丰也是有利的。（　　）

5. 翠丰只和报价最低的供应商签合同。（　　）

（二）结合课文解释词语。

1. 例外＿＿＿＿＿＿＿＿＿＿＿＿　　2. 据此＿＿＿＿＿＿＿＿＿＿＿＿＿

3. 双赢＿＿＿＿＿＿＿＿＿＿＿＿＿

（三）根据课文内容回答下列问题。

1. 为什么一些大型国际企业都加大了在中国市场的采购力度？

2. 促使翠丰调整采购价格的因素有哪些？

3. 翠丰是怎样帮助供应商提高价格的竞争力的？

4. 采购的产品质量不好，对翠丰有哪些影响？

5. 采购的产品不能按时交货，对翠丰有哪些影响？

（四）理解与归纳。

1. 课文第二段的主题是什么？

＿＿＿＿＿＿＿＿＿＿＿＿＿＿＿＿＿＿＿＿＿＿＿＿＿＿＿＿＿＿＿＿＿＿＿

2. 课文第五段的主题是什么？

＿＿＿＿＿＿＿＿＿＿＿＿＿＿＿＿＿＿＿＿＿＿＿＿＿＿＿＿＿＿＿＿＿＿＿

3. 根据课文总结所有影响翠丰采购价格的因素。

＿＿＿＿＿＿＿＿＿＿＿＿＿＿＿＿＿＿＿＿＿＿＿＿＿＿＿＿＿＿＿＿＿＿＿

（五）讨论。

1. 如果你是翠丰的采购主管，你会怎样进行采购决策？

＿＿＿＿＿＿＿＿＿＿＿＿＿＿＿＿＿＿＿＿＿＿＿＿＿＿＿＿＿＿＿＿＿＿＿

2. 如果你是翠丰的供应商，你怎样争取订单，并为自己争取最大的利益？

＿＿＿＿＿＿＿＿＿＿＿＿＿＿＿＿＿＿＿＿＿＿＿＿＿＿＿＿＿＿＿＿＿＿＿

3. 如果你是消费者，你对翠丰有什么建议？

_____

五、课外任务：完成下列练习与任务

1. **词语练习**：参考课文写出下列词语的搭配。

采购_____   力度_____   交货_____

零售_____   预期_____   成本_____

关税_____   价格_____   调整_____

设计_____   效率_____   损失_____

2. **小组任务**：查找相关资料，完成下面的小组报告（任选其一）。

（1）介绍一个零售企业的采购情况。

（2）介绍一个国际企业在中国市场的采购情况。

（3）介绍一个国际企业全球采购的情况。

拓展阅读

 （一）选择供应商的标准

1. 合适的商品质量

采购商品的质量符合采购企业的要求，是采购企业进行商品采购时首先要考虑的条件。质量差、价格偏低的商品，虽然采购成本低，但会导致企业的总成本增加。因为质量不合格的产品在企业投入使用的过程中，往往会影响生产的连续性和成品的质量，这些最终都会反映到总成本中。

但是，质量过高并不意味着采购商品适合企业生产所用。如果商品质量过高，远远超过了生产要求的质量，对于企业而言也是一种浪费。因此，采购中对于商品质量的要求要符合企业生产所需。

2. 较低的采购总成本

采购成本不仅包括采购价格，而且包括原料或零部件使用过程中所发生的一切支出。采购价格低是选择供应商的一个重要条件，但是如果产品在质量、交货时间上达不到要求，或者由于地理位置过远而使运输费用增加，就会使采购总成本增加。因此采购总成本最低，才是选择供应商时要考虑的重要因素。

3. 及时交货

采购企业在意交货时间，主要是出于两个方面的考虑：一是要降低库存数量，进而降低库存占压资金以及与库存相关的其他各项费用；二是要降低断料停工的风险，保证生产的连续性。

结合这两个方面的内容，对交货的要求应该是这样：用户什么时候需要，就什么时候送货，不晚送，也不早送，非常准时。

4. 整体服务水平好

评价供应商整体服务水平的主要指标有以下几个方面。

培训服务。如果采购企业不太了解采购商品的使用方法，供应商就有责任向采购企业提供培训服务。供应商对产品售前和售后的培训服务，也会大大影响采购企业对供应商的选择。

安装服务。通过安装服务，采购企业可以缩短设备的投产或投入运行所需要的时间。

维修服务。免费维修是对买方利益的保护，同时也对供应商提供的产品提出了更高的质量要求。这样，供应商就会想方设法提高产品质量，避免或减少免费维修情况的出现。

技术支持服务。如果供应商向采购企业提供相应的技术支持，就可以替采购企业解决产品使用过程中的难题，同时也可能增加自己的收益。比如，信息时代产品更新换代非常快，供应商提供免费或者有偿的升级服务等技术支持，对采购企业会有很大的吸引力，这也是供应商竞争力的体现。

（选编自：张晓华，《采购与库存控制》，华中科技大学出版社，2011 年。）

1. 判断正误。

（1）采购的商品质量高，对企业不一定有利。（　　　）

（2）采购的商品价格低，一定会降低企业的成本。（　　　）

（3）及时交货是指不要晚送。（　　　）

（4）提供免费维修服务也会使供应商努力提高产品质量。（　　　）

2. 回答问题。

（1）商品质量对成本有什么影响？

（2）采购中对于商品质量的要求是什么？

（3）影响采购总成本的因素有哪些？

（4）送货过早对采购企业有什么影响？

（5）送货过晚对采购企业有什么影响？

（6）供应商提供安装服务对采购企业有什么影响？

（7）提供技术支持服务对供应商有什么好处？

（二）商业采购中的"二八法则"[1]

作为一条普遍适用的法则，"二八法则"在商业采购中也适用，即 20% 的采购物品占采购总价值的 80%，其余 80% 的采购物品占采购总价值的 20%。据此，采购企业可以将供应商划分为重点供应商和普通供应商：前者的数量占 20%，供应的商品价值占 80%；后者的数量占 80%，供应的商品价值占 20%。

重点供应商提供的物品，一般是企业的战略物品或需集中采购的物品，比如汽车企业需要的发动机和变速器（transmission）、电视企业需要的彩色显像管（color picture tube）等。采购企业应该用 80% 的精力与其合作，以保证自身产品的生产。普通供应商提供的物品对企业的生产运作影响较小，如办公用品、维修备件等，采购企业只需要用 20% 的精力与其进行交易就可以了。

当然，实际情况划分并没有这么细，"二"和"八"的关系也不是一成不变的。

（选编自：罗岚、姚琪、殷伟，《供应链管理》，华中科技大学出版社，2016 年。）

1. 回答问题。

（1）采购企业可以怎样划分重点供应商和普通供应商？

（2）重点供应商和普通供应商分别为采购企业提供什么物品？

（3）采购企业应该怎样对待重点供应商和普通供应商？

2. 查一查：了解"二八法则"在其他行业或领域的表现。

 （三）选择供应商应注意的问题

在报价相同和交货承诺相同的情况下，应首先选择那些企业形象好并且有实力的供应商。如果一家供应商曾经给某些品牌企业提供过产品，并得到了这些品牌企业的认可，这无疑是选择时最好的参考。

应避免选择独家供应商。企业的某些重要材料过于依赖同一家供应商，会导致供应商能够对采购方施加压力，左右采购价格。由于只有唯一的一家供应商，此时，采购方会处于进退两难的境地，因为更换供应商的成本太高。因此，采购方要尽可能避免出现这种情况，在采购同种商品时，最好选择 2～3 家供应商。

应避免缺少科学的选择方法。缺少科学的方法，会使企业在选择供应商时，更多的

---

1 "二八法则"又称"二八定律"。1897 年，意大利经济学者帕累托发现，社会上 20% 的人占有 80% 的社会财富，即财富在人口中的分配是不平衡的。生活中还存在许多不平衡的现象，因此，"二八法则"成了这种不平衡关系的简称，不管结果是否恰好为 80% 和 20%（从统计学上来说，精确的 80% 和 20% 出现的概率很小）。

只是参考供应商自己提供的各类书面文字材料、自我介绍以及在市场上的口碑，或仅凭个人主观判断，因而选择的随意性较强，人为因素比较大。因此，要形成一个综合评价的指标体系，对供应商做出全面、具体、客观的评价。

（选编自：《如何选择供应商》，2012-07-31。网址为 http://byt.xiebao18.com/datum/show-26960.html。）

1. 判断正误。

（1）某些品牌企业的认可，是选择供应商的最好参考。（　　　）

（2）企业完全根据供应商自己提供的各类书面文字材料和自我介绍而做出选择是不够科学的。（　　　）

2. 解释词语。

进退两难_____

3. 回答问题。

（1）"独家供应商"是指什么？为什么要避免选择独家供应商？

（2）为什么企业不能轻易更换独家供应商？

（3）缺少选择供应商的科学方法有哪些危害？

附 录

一、概念与术语

采购（to purchase; procurement）：经济领域的采购是指企业在一定的条件下从供应市场获取产品或服务作为企业资源，以保证企业生产及经营活动正常开展的一项企业经营活动。

决策（decision-making）：是人们在政治、经济、技术和日常生活中普遍存在的一种行为。在管理学中，它是指为了实现特定的目标，根据客观的可能性，在占有一定信息和经验的基础上，借助一定的工具、技巧和方法，对影响目标实现的诸因素进行分析、计算和判断后，对未来行动做出的决定。决策是企业管理中经常发生的一种活动，提高决策质量、减少决策的时间和成本是一门科学。

分销（to distribute; distribution）：指产品通过一定的渠道销售给消费者。也可以说分销是产品由生产地点向销售地点运动的过程，产品必须通过某一种分销方式才能到达消费者手中。流通与分销的相同之处在于，两者都指的是商品或产品的流动过程；而不同之处在于，前者是从全社会来看的或宏观意义的商品或产品的流动过程，而后者却是从企业，特别是制造商的角度来看的商品或产品的流动过程。也就是说，流通是具有宏观意义的概念，而分销则是具有微观意义的概念。同样是商品由生产领域到消费领域的转移问题，对制造商而言是分销问题，而对全社会来说则是流通问题。

供应商（supplier）：为企业生产提供原材料、设备、工具及其他资源的企业，包括制造商、经销商和其他中介商。供应商也就是供应商品的个人或法人。

二、背景与知识链接

（一）翠丰集团（Kingfisher Group）

英国翠丰集团总部位于伦敦，是欧洲最大、世界领先的建材家居零售集团，世界500强企业之一。

1969年，理查德·布洛克（Richard Block）和大卫·奎尔（David Quayle）在英国南安普敦市港林路创建了第一家商店，商店的名字以两个人姓氏的头一个字母组成，B&Q就此诞生了，这就是翠丰集团创业的开始。

目前，翠丰集团旗下拥有众多著名零售品牌，包括B&Q、Castorama、Brico Dépôt、Screwfix等品牌，在英国、法国、波兰、中国、土耳其、西班牙、俄罗斯均设有门店。

1999年，百安居（B&Q）连锁店在上海开业，正式开始了其在中国的发展之路。其后，百安居在中国市场快速成长，在北京、大连、深圳、广州等大中型城市开设了连锁超市，打开了知名度。

（二）有关采购的知识

能够提供资源的供应商形成了一个资源市场。为了从资源市场获取资源，必须通过采购的方式。也就是说，采购的基本功能就是帮助人们从资源市场获取他们所需要的各种资源。

在整个采购活动过程中，一方面，通过采购获取资源，保证了企业正常生产的顺利进行，这是采购的效益；另一方面，在采购过程中，也会产生各种费用，这是采购的成本。企业要追求采购经济效益的最大化，就需要不断降低采购成本，以最少的成本去获取最大的效益。而要做到这一点，关键就是要努力做到科学采购。

（三）跨国零售业在中国的采购

"世界需要中国"不仅在于中国市场的巨大，也在于中国的生产能力。在看重中国这个巨大的消费市场的同时，很多跨国零售企业还看到了中国制造的物美价廉。如零售巨头沃尔玛，就不断加大在中国的采购力度，并输出到其全球的连锁店里。目前，沃尔玛在中国的采购增速很快，中国商品正通过沃尔玛源源不断地进入国际市场。

跨国零售企业在中国的采购区域主要集中在以上海为代表的长江三角洲，以广州为代表的珠江三角洲，以北京、天津为代表的环渤海经济区等经济发达的城市和产业基地。

越来越多的外国零售企业把原本设在香港的亚太地区采购中心转移到上海、深圳等地；同时，很多城市也顺应这一形势，提出打造全球采购中心的发展目标。

然而，从数量上看，世界500强中的跨国零售集团每年的全球采购总额超过2万亿美元，而在中国采购的比重还不到3%，这与中国巨大的生产和出口能力都不相称，其中的差距和发展的空间都很大，因此全球采购在中国还有广阔的发展前景。

其实，不只是沃尔玛、家乐福、麦德龙、欧尚、百安居、史泰博等零售业巨头，通用电气、福特汽车、西门子、联合利华等制造业跨国公司，也都在中国建立了国际采购部或采购中心，将中国纳入其全球供应链和采购网络。

（四）供应商的分类

供应商分类是对供应商系统管理的重要部分。它决定着哪些供应商要开展战略合作关系，哪些要维持现状，哪些要积极淘汰，哪些是身份未定的。相应地，供应商可分为战略供应商、优先供应商、考察供应商、消极淘汰供应商、积极淘汰供应商和身份未定供应商。当然，不同公司的定义和分法可能略有不同。

战略供应商指那些对公司有战略意义的供应商。他们提供技术复杂、生产周期长的产品，可能是唯一的供应商。战略供应商的存在对公司的发展至关重要，更换这些供应商的成本非常高，有些甚至不可能更换。对这类供应商应该着眼长远，培养长期关系。

优先供应商提供的产品或服务可以在别的供应商处得到，但公司倾向于使用优先应商的产品或服务，这是与战略供应商的根本区别。优先供应商的确定是基于供应商的总体绩效，例如价格、质量、交货、技术、服务、资产管理、流程管理和人员管理等。优先供应商待遇是靠总体表现得来的，例如机械加工件有很多供应商都能做，但公司优先选择供应商A，把生意给这个供应商，就是基于A的总体表现优于其他供应商。

考察供应商一般是第一次给公司提供产品或服务，公司对其不够了解，于是给供应商一定的期限来考察。考察完成后，要么升级为优先供应商，要么降为淘汰供应商。当然，对于优先供应商，如果其绩效在某段时间下降，也可降为考察供应商。

消极淘汰供应商不应该再得到新的产品订单，但公司也不主动地把现有生意拿走。随着主产品完成生命周期，这样的供应商就自然而然被淘汰出局。要理智对待这种供应商，如果绩效还可以的话，不要破坏平衡，因为重新选择供应商也需要很高的成本。

积极淘汰供应商不但得不到新订单，连现有订单都要被拿走。这是供应商管理中最极端的例子。对这类供应商一定要防止"鱼死网破"的情况，因为一旦供应商知道自己现有的订单要被拿走，就有可能采取极端措施，要么抬价，要么中止供货，要么绩效变得很差。所以，在中止合作之前，一定要确保你的另一个供货渠道已经开通。

身份未定供应商的身份暂时未定。在分析评价之后，要么升级为考察供应商，要么定义为消极淘汰或积极淘汰供应商。

中国零售业的发展

主题和要点

零售业是一个国家最重要的行业之一。零售业的每一次进步，都会带来人们生活质量的提高，甚至会产生一种新的生活方式。同时，经济的发展和技术的进步也会对零售业产生重大影响。当前，中国零售业又处于一个重要的发展变革时期，这篇课文介绍的就是 20 世纪 90 年代以后中国零售业的发展与变化。

阅读本文时重点关注：

1. 中国零售业的发展速度及市场规模；
2. 中国零售业态的变化；
3. 外资零售企业在中国市场的情况；
4. 大型零售连锁企业投资的热点地区。

课 文

一、热身：阅读前熟悉下列词语

1	热点	rèdiǎn	*n.*	某时期内引人注目的地方或问题 hot spot, hot topic	近几年，环境保护成为人们谈论的热点问题。 随着生活水平的提高，海外旅游成为热点。
2	突出	tūchū	*adj.*	超过一般地显露出来 prominent, striking	他性格外向，喜欢发言，所以口语成绩很突出。 在零售业中，外资企业的表现很突出。
3	社会消费品零售总额	shèhuì xiāofèipǐn língshòu zǒng'é		total retail sales of consumer goods	

4	潜力	qiánlì	*n.*	潜在的力量、能力 potential	中国人的消费水平越来越高，消费市场很有潜力。
5	垄断	lǒngduàn	*v.*	把持和独占 to monopolize	他们公司的产品在市场上占有绝大部分份额，几乎垄断了市场。
6	市场份额	shìchǎng fèn'é		market share	
7	零售业态	língshòu yètài		retail format	
8	连锁经营	liánsuǒ jīngyíng		chain operation, chain business	
9	发达	fādá	*adj.*	事物已有充分发展 developed	经济发达 / 发达国家； 近些年，大学毕业生多选择在沿海经济发达地区就业。
10	网点	wǎngdiǎn	*n.*	像网一样成系统地分设在各处的商业、服务业单位 network of commercial or service outlets	银行网点 / 商业网点
11	分流	fēnliú	*v.*	从干流中分出一股或几股水；也指行人、车辆等分道行走；引申为根据业务不同，把客户、商品等分散 to branch, to distribute	江水在这里被分流，用于农业生产。 由于新型零售业态的出现，百货商店逐渐将原来经营的中低档商品和家电等分流出去。
12	精品	jīngpǐn	*n.*	精良的物品，上乘的作品 quality goods	
13	商圈	shāngquān	*n.*	这里指由商店、酒店、餐饮、车站、办公楼等有机组合而成的商业区 business district	王府井是中国一线城市中最早形成的商圈之一，也是比较传统的商圈之一。 这个商圈很成熟，发展潜力也很大。

| 14 | 饱和 | bǎohé | v. | 事物在某个范围内达到最高限度
to saturate | 20 世纪 80 年代，由于黑白电视机的市场已经基本饱和，很多企业开始生产彩色电视机。 |

二、问题浏览： 阅读前快速浏览下列问题

（一）信息查找。

    1. 20 世纪 90 年代以来，中国零售业发生了巨大的变化，一个突出的表现就是_____。

    2. 20 世纪 90 年代以前，百货商店的市场份额达到了_____以上。

    3. 连锁经营在_____地区发展很快。

    4. 外资零售企业的发展重点是_____。

    5. 今后，_____城市将成为大型零售连锁企业投资的热点地区。

    6. 随着经济的发展，_____市场正在崛起，市场潜力巨大。

（二）回答问题。

    1. 20 世纪 90 年代以来，中国零售业的发展速度怎么样？

    2. 20 世纪 90 年代以前，百货商店在中国零售业中的地位如何？现在呢？

    3. 外资大概在什么时候开始进入中国零售业？其发展速度怎么样？

三、快速阅读： 快速阅读课文，回答上面的问题

 ## 中国零售业的发展

（字数：802   时间：4～6 分钟）

    零售业是中国经济的热点行业，20 世纪 90 年代以来，中国零售业取得了惊人的成绩，也发生了巨大的变化，一个突出的表现就是市场规模迅速扩大。1990 年，中国社会消费品零售总额是 8300 多亿元，到 2016 年，中国社会消费品零售总额已经达到 33 200 多亿元，增长比例连续数年达到两位数以上。现在，中国已成为世界最具增长潜力的消费市场之一。

    20 世纪 90 年代以前，百货商店几乎垄断了中国的零售市场，其市场份额达到了 60% 以上。后来，随着经济的发展，消费者的需求出现了变化，零售市场的竞争也不断加剧。因此，超级市场、便利店、专卖店、仓储商场等新型零售业态迅速发展，改变了百货商店长期一统天下的局面。同时，连锁经营在大中城市、沿海经济发达地区发展很快，各种形

式的连锁企业纷纷出现，经营网点不断增加，销售额不断提高。

现在，尽管受到新型零售业态的巨大冲击，百货商店也并没有消失。他们将原有的中低档商品和家电等分流出去，专注做精品化、品牌化、高利润、低周转的百货，因此其发展速度仍然维持在较高的水平。目前，百货商店仍然是中国零售业的重要力量。

中国是任何一个国际零售企业都不能忽视的巨大市场。自 1992 年中国零售业开始对外开放以来，外资零售企业以惊人的速度进入了中国市场，其发展重点是大中型综合超市和专卖店。他们凭借先进的管理经验和经营理念，不断扩大在中国零售市场的份额，这也使得中国零售业在学习和竞争中，不断提高了现代化水平，增强了国际竞争力。

今后，二、三线城市将成为大型零售连锁企业投资的热点地区。一线城市购买力旺盛，消费需求高，但经营成本要高得多，而且商圈已经比较成熟，商业网点也接近饱和，所以竞争非常激烈。而为数众多的二、三线城市，房地产租金便宜，人力资源丰富，经营成本要低得多，并且具有巨大的购买潜力。尤其重要的是，二、三线城市的背后是广大农村消费群体。随着经济的发展，农村市场正在崛起，市场潜力巨大，因此，二、三线城市将逐渐成为大型零售连锁企业重点开发的市场。

（选编自：姚琼，《也谈中国零售业的发展趋势》，《商业时代》，2005 年第 18 期；《2013 年零售连锁行业发展趋势分析》，2013-07-26，网址为 http://www.cction.com/info/201307/96697.html。）

四、仔细阅读：仔细阅读课文，完成下列练习

（一）根据课文内容判断正误。

    1. 现在，百货商店经营的商品品种发生了变化。（　　　）

    2. 外资零售企业在中国市场的竞争力很强。（　　　）

    3. 外资的进入对中国零售业产生的全都是不利的影响。（　　　）

    4. 一线城市购买力旺盛，二、三线城市没什么购买力。（　　　）

    5. 农村消费群体的购买力正在提高。（　　　）

（二）结合课文解释词语。

    1. 一统天下＿＿＿＿＿＿＿＿＿＿　　2. 凭借＿＿＿＿＿＿＿＿＿＿＿＿＿

    3. 旺盛＿＿＿＿＿＿＿＿＿＿＿＿　　4. 崛起＿＿＿＿＿＿＿＿＿＿＿＿＿

（三）根据课文内容回答下列问题。

    1. 新型零售业态迅速发展的原因是什么？

    2. 现在，为什么百货商店的发展速度仍然能够维持在较高的水平？

    3. 外资零售企业的优势是什么？

4. 一线城市和二、三线城市零售市场的特点分别是什么？

（四）理解与归纳。

1. 将各段与主要内容连线。

（1）第一段　　　　　　　　A. 新型零售业态迅速发展，新旧业态并存

（2）第二、三段　　　　　　B. 外资零售企业大举进入

（3）第四段　　　　　　　　C. 大型零售连锁企业投资热点地区的变化

（4）第五段　　　　　　　　D. 中国零售业市场规模迅速扩大

2. 总结20世纪90年代以来，中国零售业在市场规模、业态、外资、投资热点等几个方面的变化。

_____

（五）讨论： 查找相关资料，谈谈你对下面问题的看法。

1. 谈谈最近几年中国零售业的新变化。

_____

2. 介绍一下你的国家零售业的发展变化，并谈谈与中国的异同。

_____

3. 选择两种你熟悉的零售业态，谈谈它们各自的优势和不足。

_____

五、课外任务： 完成下列练习与任务

1. **词语练习：** 参考课文写出下列词语的搭配。

热点_____　　市场_____　　消费_____

总额_____　　潜力_____　　型_____

连锁_____　　网点_____　　购买力_____

成熟_____　　开发_____

2. **小组任务：** 查找相关资料，完成下面的小组报告（任选其一）。

（1）介绍一家外资零售企业在中国的发展状况及其市场地位。

（2）介绍一种零售业态的发展与变革。

（3）介绍一下中国电子商务的发展及其对零售业的影响。

拓展阅读

 （一）中国传统零售业的发展

中国零售业曾以每年翻番的门店扩张速度，开启了高速增长的"黄金十年"。但经历一番粗放式的发展后，传统零售业遭遇瓶颈。随着电子商务的发展，传统的零售模式受到冲击。而且由于中国经济下行，零售企业店铺扩张过快的风险开始暴露，整个传统零售业出现增速放缓、利润下滑的趋势。

传统零售业陷入困境并非偶然，分析其原因，可归纳为资本对传统零售业的兴趣下降、电子商务的冲击、传统零售业模式存在弊端、成本增加四个方面。

未来几年，中国零售业发展的着力点不在于追求更高的增长速度，而在于正确处理好增长速度与结构、质量、效益、环境保护等的重大关系，加强对产业发展环境和消费者购买行为的研究，改善和提升产业整体素质，着力提高技术创新能力、国际竞争力和可持续发展能力。

（选编自：《零售行业的未来发展趋势不乐观》，网址为 http://www.vixue.com/html/xypx/lingshou/23252.html；《沃尔玛再关门店 零售业持续萧条原因何在？》，2016-05-17，网址为 https://bg.qianzhan.com/report/detail/300/160517-b304d8aa.html。）

1. 判断正误。

（1）中国零售业的扩张速度曾经很快。（　　　　）

（2）未来几年，中国零售行业应该努力追求更高的增长速度。（　　　　）

2. 解释词语。

（1）黄金十年＿＿＿＿＿＿＿＿＿　　　　（2）弊端＿＿＿＿＿＿＿＿＿＿＿

3. 回答问题。

（1）传统零售业陷入困境的原因是什么？

（2）未来几年，中国零售业该怎样发展？

4. 查一查：上网查资料，看看"粗放式发展"和"可持续发展"是什么意思。

 **（二）传统零售企业面临的挑战**

由于网络购物的迅速发展，一些传统百货商店甚至演变为人们只看不买的"试衣间"。在网络购物兴起的时代，实体店如何转型是零售业共同的困惑。

　　实体零售和网络零售融合发展并实现优势互补，将成为众多零售企业的战略选择。一方面，传统零售企业将加快拓展网络零售业务，目前，很多知名的大型零售企业已经开通了网络零售平台；另一方面，网络零售企业也会加快配套服务的<u>跟进</u>，除销售、宣传商品外，还将形成网上模拟体验和试用等新的优势。

　　除网购的冲击外，物价上涨也抬高了传统零售企业的经营成本。房租、人工费用的上涨成为零售企业的重负，不断压缩着传统实体店的利润。其中，人力成本快速上升是企业面临的最具挑战性的问题。受成本高企的影响，零售企业利润率增速出现小幅下滑，有些中型企业利润甚至出现<u>负增长</u>。

　　（选编自：沈玮青，《商务部：网购使部分百货店成"试衣间"》，2013-07-05。网址为 http://www.bjnews.com.cn/finance/2013/07/05/271705.html。）

1. 解释词语。

　　（1）跟进 _____　　　（2）负增长 _____

2. 回答问题。

　　（1）根据短文，"实体零售和网络零售融合发展并实现优势互补"指的是什么？

　　（2）分别给第二、三段拟一个小标题。

　　（3）传统零售企业面临的挑战有哪些？

（三）促销的作用

　　缩短入市的进程。使用促销手段，目的是在一段时间内调动人们的购买热情，培养顾客的兴趣和使用偏好，使顾客尽快地了解产品。

　　激励消费者初次购买。消费者一般对新产品有抗拒心理，由于使用新产品的初次消费成本可能是使用老产品的一倍（对新产品一旦不满意，还要花同样的价钱去购买老产品，这等于花了两份的价钱才得到了一个满意的产品，所以许多消费者在心理上认为买新产品的代价高），所以消费者往往不愿冒风险尝试新产品。但是，促销可以让消费者降低这种风险意识，降低初次消费的成本，使消费者愿意去尝试新产品。

　　激励消费者再次购买。当消费者试用了产品以后，如果是基本满意的，可能会产生重复使用的意愿。但这种消费意愿在初期一定是不强烈的、不可靠的，促销可以推动他们实施这种意愿。如果有一个持续的促销计划，就可以使消费群体基本固定下来。

　　提高销售业绩。毫无疑问，促销是一种竞争，它可以改变一些消费者的使用习惯及品牌忠诚度。因受利益驱动，经销商和消费者都可能大量进货与购买。因此，促销常常可以提高销售量，增加消费。

　　侵略（qīnlüè，aggression）与反侵略竞争。无论是企业发动市场侵略，还是市场的先进入者发动反侵略，促销都是有效的手段。市场的侵略者可以运用促销手段加速抢占市场份额，市场的反侵略者也可以运用促销和侵略者针锋相对，达到阻击竞争者的目的。

带动相关产品市场。促销的第一目标是完成促销产品的销售，但是，在促销甲产品的过程中，却可以带动相关的乙产品的销售。比如：茶叶的促销可以带动茶具的销售；当卖出更多的咖啡壶的时候，咖啡的销售量也会增加。再比如，在 20 世纪 30 年代的上海，美国石油公司向消费者免费赠送煤油灯，结果使其煤油的销量大增。

（选编自：《促销的目的和效果》，2019-07-12。http://www.9928.tv/news/cehua-zhaoshang cehua/297439.html。）

1. 判断正误。

（1）促销可以使顾客尽快地了解产品，缩短产品入市的进程。（　　　）

（2）很多消费者在心理上认为，使用新产品的初次消费成本比较高。（　　　）

（3）当消费者试用了产品以后，如果是基本满意的，就会产生非常强烈的重复使用的意愿。（　　　）

（4）促销对消费者的使用习惯及品牌忠诚度没什么影响。（　　　）

（5）促销也是和竞争对手竞争的手段。（　　　）

（6）促销可以带动相关产品的销售。（　　　）

2. 回答问题。

（1）为什么消费者一般会对新产品有抗拒心理？

（2）怎样才能推动消费者再次购买？

（3）在 20 世纪 30 年代的上海，美国石油公司为什么向消费者免费赠送煤油灯？

（四）

1. 超市发连锁股份有限公司表示，本土零售企业不惧怕家乐福等外资巨头的资金和管理优势，因为本土零售企业更懂消费者的需求，同时，在与消费者沟通上存在情感优势。

回答问题：外资巨头的优势是什么？本土零售企业的优势是什么？

2. 经过二十多年的发展，零售业成为市场化程度最高的领域。从发展的角度看，中国零售业的变革还只是处在起步阶段，随着中国经济的发展和消费水平的提高，国内零售业今后的发展空间将十分广阔。

回答问题："起步"是什么意思？

3. 全球最大的零售企业沃尔玛终于出手，现身中国电子商务市场的战场中。沃尔玛这个重量级角色的进入，为竞争已经十分激烈的中国电子商务市场又添加了助燃剂。

中国零售市场异常复杂，几乎在每个区域市场都存在地方性龙头企业，它们拥有本土企业的先天优势。而且，中国的二、三线甚至四、五线城市市场非常广阔，沃尔玛的实体店很难全面覆盖。沃尔玛进入中国电子商务市场的作用之一，就是作为沃尔玛实体店的补充，通过互联网开辟第二战场，打入这些沃尔玛实体店无法占领的领域。

（选编自：姜磊，《李燕川：本土企业更懂消费者　不惧外资零售巨头》，2009-05-27，网址为 http://money.163.com/09/0527/19/5ABIQ7KT00253DKA.html；姚晓勇，《论长三角县级城市零售业的发展》，《江南论坛》，2008 年第 12 期；胡媛，《沃尔玛中国电子商务网站上线　在深圳试运营》，2010-11-19，网址为 http://www.techweb.com.cn/internet/2010-11-19/720496.shtml。）

回答问题：

（1）"添加了助燃剂"是什么意思？

（2）沃尔玛为什么要发展电子商务？

附　录 ➘

一、概念与术语

社会消费品零售总额（total retail sales of consumer goods）： 社会消费品零售总额是各行业通过多种商品流通渠道向居民和社会集团供应的生活消费品的总量，反映了一定时期内人民物质文化生活水平的提高情况、社会商品购买力的实现程度，以及零售市场的规模。在各类与消费有关的统计数据中，社会消费品零售总额是表现一个国家消费需求最直接的数据，是研究一个国家零售市场变动情况、反映经济景气程度的重要指标。

专卖店（exclusive shop）： 也称专营店，是以专门经营或授权经营某一品牌商品为主的零售业态。专卖店一般选址于繁华商业区或百货店、购物中心内，营业面积根据经营商品的特点而定，以著名品牌、大众品牌为主，虽然销售量小，但质优、毛利高。专卖店一般采取定价销售和开架面售的方式，注重品牌名声，从业人员必须具备丰富的专业知识，并能够提供专业的知识性服务。随着社会分工的细化，并不是只有知名品牌的店面才称为专卖店，各个行业都可以有自己的专卖店，而且越来越细化。

零售业态（retail format）： 指零售企业为满足不同的消费需求进行相应的要素组合而形成的不同经营形态。

连锁经营（chain operation, chain business）： 连锁经营是一种经营模式，是指经营同类商品或服务的若干个企业，以一定的形式组成一个联合体，在整体规划下进行专业化分工，并在分工的基础上实施集中化管理，把独立的经营活动组合成整体的规模经营，从而实现规模效益的一种经营模式。连锁经营的特点是统一化：统一的店名、店貌，统一的广告、信息，统一进货，统一的配送中心，统一核算，统一库存和统一管理。连锁经营这一经营模式，是企业运用无形资产进行资本运营，实现低风险资本扩张和规模经营的有效方法和途径，这也是连锁经营得以迅速发展的根本原因。

一线城市（first-tier city）：一般指在全国政治、经济等社会活动中处于重要地位并具有主导作用和辐射带动能力的大都市。中国的一线城市有北京、上海、广州、深圳等。

购买力（purchasing power）：取得收入之后购买商品和服务的能力。它反映一定时期内全社会市场容量的大小。

人力资源（human resources）：简称HR，指在一个国家或地区中，具有劳动能力的人口之和，即一个国家或地区的总人口中减去丧失劳动能力的人口之后的人口。人力资源也指一定时期内组织中的人所拥有的能够被企业所用，能创造价值的教育、能力、技能、经验、体力等的总称。

二、背景与知识链接

（一）2007—2019年中国社会消费品零售总额走势

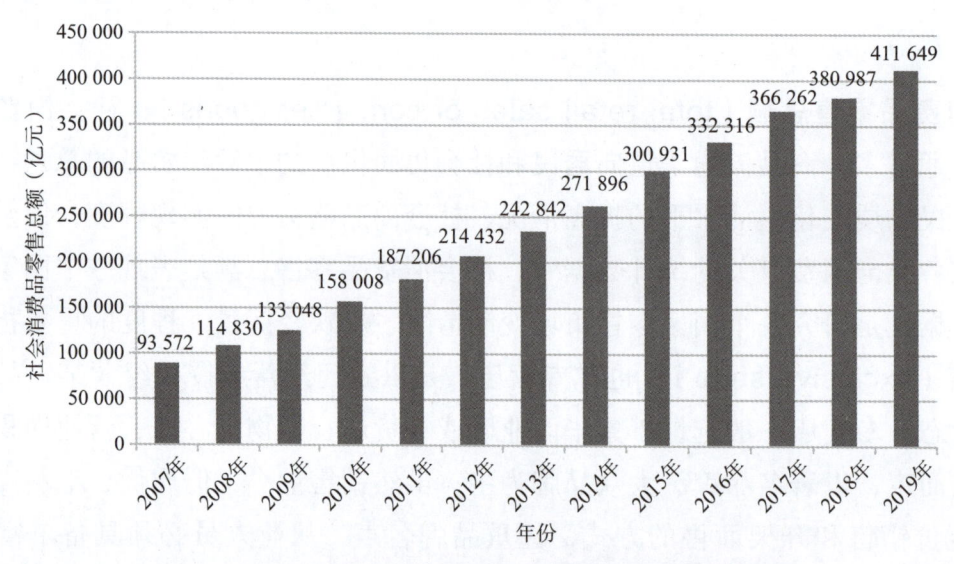

图1　2007—2019年中国社会消费品零售总额走势图

（二）如何认识社会消费品零售总额

社会消费品零售总额是研究一个国家零售市场变动情况、反映经济景气程度的重要指标。宏观经济的稳定表现在总需求和总供给之间的动态平衡上，当社会消费品零售总额指标发生变动时，必然会导致社会总需求变动，从而打破原有的平衡状态。社会消费品零售总额指标上升，意味着消费需求的增加，就会刺激投资，增加产出，改善企业效益，提高居民收入；社会消费品零售总额指标下降，意味着消费需求疲软，制约经济增长。同时，社会消费品零售总额也是研究居民消费水平和结构、居民消费品购买力实现程度，以及货币流通规模的重要指标。

（三）从社会消费品零售总额看中国零售市场的竞争状况

零售市场与国民经济的发展一直息息相关。1978—1992年，在中国零售业对外开放以前，大部分年份的社会消费品零售总额增幅都超过了GDP的增幅，说明此时中国零售市场供不应求，对新企业的进入具有吸引力，此时的零售市场近似于完全竞争的市场，零售业发展也较快。但是1992年零售业对外开放以后，尤其是2001年中国加入了WTO后，绝大部分年份的社会消费品零售总额增幅低于GDP的增长幅度，且社会消费品零售总额对于GDP的贡献率出现了下降，这说明零售市场对于新企业的进入已经存在障碍，供过于求，这在一定程度上反映出中国零售市场已成为非完全竞争的市场。

（四）中国零售业的市场份额

统计显示，中国加入了WTO后，零售业成为跨国企业来华投资的热点领域，大型超级市场占据了零售业大量的市场份额，成为中国零售业的龙头。连锁超级市场的商品销售额是便利商店这类零售企业的数倍。

百货零售业以及超级市场成为零售业最主要的购进商，其他各类零售业与之相比，购进额的差距不断扩大，同时，二者的买方垄断势力不断加强，对制造商、供应商的控制能力也不断加强。

（五）中国零售业的变革历程

1. 第一阶段：改革开放初至1989年底，传统百货商店在零售市场占绝对主导地位。

2. 第二阶段：1990—1992年底，超级市场开始涌现，动摇了百货商店的市场基础。

3. 第三阶段：1993—1995年底，各种新型零售组织崭露头角，出现百花齐放的局面。

4. 第四阶段：1996—1999年，跨国零售商进入，加速了零售业现代化的进程。

5. 第五阶段：1999年以后，零售业竞争日益加剧，连锁经营趋势增强。

6. 第六阶段：进入21世纪后，电子商务迅速发展，网络销售成为零售业的新模式。网络购物爆发性增长，开始对实体店形成冲击。

中国城乡居民的消费状况

主题和要点

　　消费在一个国家（地区）的宏观经济增长中具有非常重要的作用。面对世界经济的大变革和大调整，转变经济发展模式，提高经济增长质量，扩大内需，走以消费为主导的发展之路，特别是增加居民消费需求，是保持中国经济平稳健康发展的现实选择。这篇课文介绍的就是近年来中国城乡居民的消费状况。

阅读本文时重点关注：

1. 中国城乡居民的消费发生了哪些变化；
2. 不同地区、不同阶层居民消费的不同；
3. 中国城乡居民消费存在的问题是什么，引起这些问题的原因是什么。

课　文

一、热身：阅读前熟悉下列词语

1	升级	shēngjí	v.	从较低的等级或班级升到较高的等级或班级 to promote/advance to a higher grade, to upgrade	修够规定的学分我们就可以升级了。 随着生活水平的提高，中国人的消费在不断升级。
2	生存	shēngcún	v.	保存生命 to live, to survive	没有空气和水，人类就无法生存。
3	满足	mǎnzú	v.	感到已经足够了；使满足 to satisfy	这个小店只要能不亏本，我就满足了。 这种新产品很受欢迎，我们得增加产量，满足市场需求。

4	以……为主	yǐ…wéi zhǔ		把……作为主要的 to give priority to	
5	普及	pǔjí	v.	普遍使用，使大众化 to popularize	20年前使用手机的人还很少，现在手机已经普及了。 电脑已经在大学生中普及。
6	亮点	liàngdiǎn	n.	引人注目的人或事物 focus of attention	今天她打扮得很漂亮，成了晚会中的亮点。 这几年，汽车消费成为居民消费的新亮点。
7	奢侈品	shēchǐpǐn		超出生存与发展需要的消费品，非生活必需品 luxuries	
8	波动	bōdòng	v.	起伏不定，不稳定 to fluctuate	北京春天的气温波动很大。 20世纪70—90年代，日元汇率一直波动上行。
9	偏	piān	v.	与某个标准相比有差距 to deviate from the normal standard	她的身材偏瘦。 北京四月份的气温一般在20℃左右，可是现在气温才15℃，今年的气温比去年同期偏低。
10	储蓄	chǔxù	v./n.	①把节约下来或暂时不用的钱或物积存起来 to save up, to deposit ②积存的钱或物 savings	储蓄率／活期储蓄； 中国居民的储蓄率比较高。
11	在于	zàiyú	v.	指出事物的本质所在 to lie in	这次事故的原因就在于他们没把安全放在第一位。
12	住宅	zhùzhái	n.	住房（多指规模较大的） residence, house	那条河的对面是一片居民住宅。
13	差距	chājù	n.	差别程度 difference, gap	我们的汉语水平和四年级的同学相比还有很大的差距。 农村居民与城镇居民的收入差距还比较大。

| 14 | 领先 | lǐngxiān | v. | （水平、成绩等）处于最前列
to be in the lead | 现在场上比分是3：1，A队领先。
上半场比赛中，A队一直以2分的优势领先B队。 |

二、问题浏览：阅读前快速浏览下列问题

（一）信息查找。

1. 中国家电产品的消费只用了＿＿＿＿的时间，就走完了一些发达国家几十年走过的路。

2. 未来的10～20年将是中国消费＿＿＿＿的阶段。

3. 与发达国家相比，中国居民的消费率仍然＿＿＿＿。

4. 中国人的收入水平虽然不高，＿＿＿＿却是全世界最高的。

5. 目前，中国＿＿＿＿之间、＿＿＿＿之间与＿＿＿＿之间的收入差距较大。

6. 近年来，随着农民收入的提高和中西部经济的发展，这种收入差距已开始＿＿＿＿。

（二）回答问题。

1. 拉动中国经济增长的"三驾马车"是什么？其中"跑"得快的是什么？

2. "生存型消费"指的是什么？

3. 中国居民消费率偏低的原因有哪些？

4. 中国人的"三怕"是什么？

三、快速阅读：快速阅读课文，回答上面的问题

中国城乡居民的消费状况

（字数：883　时间：5～7分钟）

　　有人说，中国经济的发展，一直都是出口、投资、消费这"三驾马车"在拉动。改革开放以来，这"三驾马车"中的出口和投资一直"跑"得很快，那么，消费的情况如何呢？

　　随着经济的快速增长，中国城乡居民消费正在升级。由于吃、穿、用等生存型消费已经基本满足，城乡居民消费正在由以衣、食为主，向以住、行为主转变。电脑、手机等电子产品开始普及，交通和通信成为消费的亮点，购房和买车消费由高收入家庭逐渐进入中等收入家庭。特别引人注意的是，中国家电产品的消费只用了约10年的时间，就走完

了一些发达国家几十年走过的路。

有专家预测，未来的10～20年将是中国消费快速增长的阶段，从普通消费品到奢侈品都将有庞大的消费群体。但是由于受到经济大环境的影响，中国居民消费增速不会直线提高，而更有可能是波动上行。

但是，与发达国家相比，中国居民的消费率仍然偏低，这主要有以下几个原因。

一是居民收入增长速度低于经济增长速度。改革开放三十多年间，中国城乡居民人均收入的增长率一直低于中国经济的增长率。居民收入水平决定着支付能力，这是中国居民消费率偏低的直接原因。

二是中国居民储蓄意愿比较强，而消费意愿不足。中国人的收入水平虽然不高，储蓄率却是全世界最高的，这和中国人节俭的传统有关。除此之外，主要还在于目前中国居民的住宅、教育、医疗支出明显偏高。所谓"三怕"，即年轻人怕买房、中年人怕子女上学、老年人怕生病，是多数居民增加储蓄的主要原因。

三是城乡之间、地区之间与个人之间的收入差距较大。长期以来，中国城镇居民收入的增长速度一直高于农村，同时东部经济发达地区与中西部之间、高收入阶层与中低收入阶层之间的收入差距也在拉大，这使得中国城镇居民的购买力一直大幅领先于农村，广大中西部地区和中低收入阶层的购买力远远低于东部地区和高收入阶层。这也是中国居民消费率偏低的重要原因。例如：对于城镇中已经饱和的彩电、洗衣机等家用电器，有些农村居民购买力仍然不足；高收入阶层中已经普及的轿车等昂贵消费品，广大中低收入阶层虽然有很强烈的消费欲望，但仍缺乏购买能力。不过，近年来，随着农民收入的提高和中西部经济的发展，这种收入差距已开始逐渐缩小。

（选编自：陈新年等，《论增强消费对经济增长的拉动作用》，经济科学出版社，2008年；北京大学中国国民经济核算与经济增长研究中心，《中国经济增长报告（2007）——和谐社会与可持续发展》，中国经济出版社，2007年。）

四、仔细阅读：仔细阅读课文，完成下列练习

（一）根据课文内容判断正误。

1. 改革开放以来，中国的消费与投资、出口的增长速度一样快。（　　　）

2. 以前中国城乡居民的消费主要是住、行，现在主要是衣、食。（　　　）

3. 中国的中等收入家庭也开始购房和买车了。（　　　）

4. 中国家电产品消费的发展速度非常快。（　　　）

5. 未来的10～20年，中国奢侈品的消费群体也会很大。（　　　）

6. 中国居民人均收入增长速度比经济增长速度快。（　　　）

7. 中国人的储蓄率高，收入水平一定也很高。（　　　）

8. 彩电、洗衣机等家用电器在农村市场已经饱和了。（　　　）

（二）根据课文内容回答下列问题。

1. 中国城乡居民的消费出现了哪些变化？

2. 未来，中国居民消费将会以怎样的方式增长？

3. 中国居民储蓄率高的原因是什么？

4. 中国城乡之间、地区之间、个人之间的收入情况如何？

（三）理解与归纳。

1. 给第二段拟一个合适的标题。

_____

2. 给第五至七段拟一个合适的标题。

_____

（四）讨论：查找相关资料，谈谈你对下面问题的看法。

1. 谈谈你的国家的居民消费状况与中国的异同。

_____

2. 谈谈你见到的"三个差距"的例子。

_____

3. 介绍一下你的国家的储蓄率或收入差距的状况。

_____

_____

五、课外任务：完成下列练习与任务

1. 词语练习：参考课文写出下列词语的搭配。

消费_____　　产品_____　　收入_____

支付_____　　储蓄_____　　支出_____

差距_____　　发达_____　　阶层_____

购买力_____

2. 小组任务：查找相关资料，完成下面的小组报告（任选其一）。

（1）介绍一种（或一类）产品或商品在你的国家的消费状况，并比较与在中国的异同（比如奢侈品的消费，电脑、手机等电子产品的消费，汽车消费，住房消费）。

（2）简单介绍一下你的国家消费升级的状况。

（3）从中国人的"三怕"——房价、教育和医疗中选取你感兴趣的一个方面，做简要的介绍和分析。

（4）选取一个国家，简单介绍其农村消费市场的特点。

拓展阅读

（一）"刘易斯拐点"与"人口红利"

"刘易斯拐点"由诺贝尔经济学奖获得者刘易斯提出，即劳动力由过剩向短缺的转折点，是指在工业化过程中，随着农村富余劳动力向非农产业的逐步转移，农村富余劳动力逐渐减少，最终枯竭的转变。

与"刘易斯拐点"相对应的是"人口红利"，即由于年轻人口数量增多形成的<u>廉价</u>劳动力，给经济发展提供相对便宜的要素价格。对于很多发展中国家而言，廉价劳动力是经济发展的一个重要因素，这一点在中国的经济增长模式中也表现得较为明显。

"刘易斯拐点"的显现，往往是"人口红利"逐渐消失的一个<u>前兆</u>。中国面临的"刘易斯拐点"更多的是指在"中级劳动力"领域，以技师、技工为代表的"中级劳动力"数量越来越不足，而大学本科生以上的"高级劳动力"却在增加，但质量并不乐观，这也增加了未来经济发展的风险。

（选编自：《刘易斯拐点》，2010-06-18。网址为 http://biz.jrj.com.cn/2010/06/1817427638560.shtml。）

1. 解释词语。

（1）廉价_____　　（2）前兆_____

2. 回答问题。

（1）"人口红利"指的是什么？

（2）"刘易斯拐点"和"人口红利"是什么关系？

（3）中国面临的"刘易斯拐点"具体指什么？

（二）解读招工难现象

春节过后，"用工荒"问题又开始显现。岗位多、农民工少是很多劳务市场普遍遇到的问题。那么，农民工到哪儿去了呢？

"凤还巢"式的创业、就业成为农民工分流的主渠道。例如江苏北部的宿迁、淮安，这里一向是华东地区传统的劳务输出地。近年来，当地制造业发展很快，地方政府也不断出台政策，鼓励本地劳动力在家门口创业、就业。许多人觉得，还是在家门口创业、就业更经济，同时也能照顾家庭。因此，农民工开始从过去的净流出向流入转变。现在不仅江苏的劳务输出地出不来人，连欠发达的西部地区的劳动力供应都在<u>收缩</u>。这使得一些沿海地区的企业不得不考虑增加工人的工资和福利待遇。

中国的"用工荒"不断加剧，还由于农村劳动力正逐渐由富余向短缺转变。过去三十多年间，中国经济起飞的一个重要动力就是廉价劳动力。这种低工资和低保障的"人口红利"支撑起了中国经济三十多年的低成本增长。不过，转型经济体都会经历劳动力从富余向短缺的转变。现在，这个拐点已经清晰地呈现在我们眼前。

不过，中国的国情决定了在未来相当长一段时间内，农村劳动力存量依然较大，虽然成本上升不可阻挡，但与发达经济体相比，中国劳动力的工资报酬仍处在较低水平，"人口红利"还将在相当长的时间内存在。

（选编自：陈志龙，《招工难象征劳动力走向短缺》，2014-02-20。网址为 http://finance.sina.com.cn/zl/china/20140220/093318276916.shtml?bsh_bid=3527097354390629。）

1. 判断正误。

（1）现在，江苏北部地区的劳动力还在大量流出。（　　　）

（2）廉价劳动力对中国经济起飞起过积极作用。（　　　）

（3）由于工资报酬不断上涨，中国劳动力成本的优势已经不存在了。（　　　）

2. 解释词语。

收缩_____

3. 回答问题。

（1）"用工荒"指的是什么？

（2）"'凤还巢'式的创业、就业"指的是什么？

（3）出现"凤还巢"式的创业、就业的原因有哪些？

（4）"凤还巢"式的创业、就业给沿海地区的企业带来了什么影响？

（5）为什么说中国的"人口红利"还将在相当长的时间内存在？

4. 查一查： 查词典，看看"福利、存量"是什么意思。

 （三）美日两国的消费方式

美国属于典型的高收入、高消费、低储蓄的国家。美国的个人储蓄率一直很低，甚至一度为负数。这并不是因为居民收入不足，而是过度消费所致。美国的奢侈型消费基于美国强大的综合国力、丰富的资源和有限的人口总量，这种消费方式对于人口众多的发展中国家显然不适用，并且存在致命缺陷。

日本作为发达国家，尽管总体消费水平接近美国和欧洲，但是受东方文化传统的影响和自身国情的制约，其消费方式明显不同于欧美国家。

从消费方式上看，由于日本人不愿借债消费，所以日本的信贷消费远低于美国，现金消费方式仍然占据重要地位。据日本银行统计，在日本人的财产中，有一半以上是现金和储蓄存款，只有很少的部分是股票和债券。

由于日本资源能源缺乏，日本人在追求生活舒适性的同时更强调节俭消费。目前，日本商品节约能源和原材料的水平居世界领先地位。

（选编自：张建平，《世界不同国家消费模式比较》，《中国党政干部论坛》，2009 年第 2 期。）

1. 判断正误。

（1）美国人目前的消费是适度的。（　　　）

（2）日本的总体消费水平和欧美国家有很大的差距。（　　　）

（3）日本人也追求生活的舒适性。（　　　）

2. 回答问题。

（1）美国的个人储蓄率一直很低的原因是什么？

（2）美国的消费方式的基础是什么？

（3）日本的消费方式有什么特点？

（4）日本的消费方式的成因是什么？

3. 查一查：上网查资料，了解什么是"信贷消费"。

（四）

消费率是衡量一国消费水平的重要指标。人均国民收入[1] 较高的美、日、英、澳等发达国家，其消费率一般保持在 75% ～ 85% 的水平上，同时保持基本稳定的状态。而人均国民收入较低的发展中国家，消费率则明显低于发达国家，处于 55% ～ 75% 的水平。

收入水平决定消费水平，收入水平差距必然带来消费水平的显著差异。发达国家居民在食品、衣着、医疗保健、教育等方面支出比重普遍较小，而在住房、交通通信以及休闲娱乐等方面支出比重较大。这表明发达国家居民的消费支出已经不是局限在基本温饱与生存问题上，而是有足够的支出用于享受型消费。而发展中国家则在食品、医疗保健、教育等方面支出比重较大，消费结构与发达国家存在一定差距。

1　人均国民收入（national income per capita）是一国在一定时期内（通常为一年）按人口平均的国民收入占有量，它综合地反映出一国的经济发展水平、经济实力和人民生活水平。

（选编自：张建平,《世界不同国家消费模式比较》,《中国党政干部论坛》,2009 年第 2 期。）

1. 回答问题。

（1）发达国家的消费率和发展中国家的消费率有什么不同？

（2）发达国家居民的消费支出和发展中国家居民的消费支出有什么不同？这说明了什么问题？

2. 理解与归纳：给这段短文拟一个合适的标题。

（五）

　　数据显示，2016 年收入储蓄最多的是石油生产国和亚洲新兴国家，卡塔尔、科威特和中国的居民储蓄率位居<u>前三甲</u>。虽然很多人都希望收入到月底能有些<u>盈余</u>，但很多西方人却是不折不扣的"月光族"。美国是储蓄率最低的国家之一，除了税收等经济因素，文化也是影响储蓄水平的重要因素。

　　过高的储蓄率对企业的发展是不利的，储蓄率过高可能会导致消费不足。从某种程度上讲，短期内任何的生产最终都是要面向消费的，在形成生产能力之后，投资都需要产生效益，也就是说企业的产品要卖得出去，才能维持生产。消费不足，就不足以消化投资形成的产能，企业的利润就很难得到保障。

　　但是，这也并不意味着一个国家的储蓄率越低就越好。储蓄率过低可能会导致消费过度膨胀，这种消费也是不可持续的，它会产生一些虚假的繁荣。如果储蓄率很低，但是消费却很高，超过了自身的偿还能力，就有可能出现问题。美国次贷危机（subprime mortgage crisis）就和储蓄率低有一定关系。

（选编自：《2016 年世界储蓄排行出炉 中国居民储蓄率全世界排名第三》，2016-05-23。网址为 http://www.southmoney.com/shuju/hysj/201605/578572.html。）

1. 解释词语。

（1）前三甲_____　　（2）盈余_____

2. 回答问题。

（1）影响储蓄水平的因素有哪些？

（2）储蓄率过高有什么影响？

（3）储蓄率过低有什么影响？

3. 理解与归纳：用一句话概括这段短文的主题。

4. 查一查：查词典，看看"膨胀、繁荣、偿还"是什么意思。

附 录

一、概念与术语

三驾马车（troika）：原意是指三匹马拉一辆车。从支出的角度看，GDP 是最终需求——投资、消费、净出口这三种需求之和，因此经济学上常把投资、消费、出口比喻为拉动 GDP 增长的"三驾马车"。类似的说法还有国家财政的"三驾马车"（税收、国债和发行货币）、世界经济的"三驾马车"（世界贸易组织——WTO、国际货币基金组织——IMF、世界银行集团——WBG）等。

消费升级（consumption upgrade）：一般指消费结构的升级，是各类消费支出在消费总支出中的结构升级和层次提高，它直接反映了消费的水平和发展趋势。

奢侈品（luxuries）：奢侈品在国际上被定义为"一种超出人们生存与发展需要范围的，具有独特、稀缺、珍奇等特点的消费品"，又称为非生活必需品。

储蓄率（savings ratio）：以百分比形式表示的居民储蓄与居民可支配收入的比率。

改革开放（economic reform and open up）：是当代中国的基本国策。改革主要指经济体制改革和政治体制改革；开放主要指国内市场对外开放，加强对外交流和合作。

二、背景与知识链接

（一）中国的三次消费升级

改革开放以来，中国出现了三次消费升级，推动了经济的高速增长。消费结构的演变也带动了产业结构的升级。

第一次消费结构升级出现在改革开放之初。此时，粮食消费下降，轻工产品消费上升。这一转变对中国轻工、纺织产品的生产产生了强烈的拉动效应，带动了相关产业的迅速发展，并带动了第一轮经济增长。

第二次消费结构升级出现在 20 世纪 80 年代末至 90 年代末。"新三件"（冰箱、彩电、洗衣机）作为标志性消费品成为一种时尚，受到消费者的青睐，相关产业也迅猛发展。随着经济的进一步发展，这一阶段后期的消费特点是：家用电器消费快速增加，耐用消费品向高档化方向发展，大屏幕高清晰度彩电、大容量冰箱、空调、微波炉、影碟机、摄像机成为城镇居民的消费热点，这些消费品的普及率进一步提高。这一转变对电子、钢铁、机械制造业等行业产生了强大的驱动力，带动了第二轮经济增长。

目前正在进行的第三次消费结构升级转型正驱动着相关产业的发展。在这一过程中，增长最快的是教育、娱乐、文化、交通、通信、医疗保健、住宅、旅游等方面的消费，尤其是与 IT 产业、汽车产业以及房地产业相关的消费。

（二）中国百姓"三大件"的变迁

在拉动经济增长的"三驾马车"中，消费是拉动经济增长的根本动力。与百姓生活密切相关的"三大件"的变迁，成了消费结构升级、经济快速发展的佐证。从 20 世纪 70 年代的手表、自行车、缝纫机，到 80 年代中期的彩电、冰箱、洗衣机，从 90 年代的电话、空调、计算机，到近年来以教育、购房、买车为主的新"三大件"消费，中国居民的消费经历了从机械化到电气化，再到服务化和网络化的过程。

（三）中国的居民储蓄率

国际货币基金组织公布的数据显示，中国的居民储蓄率从 20 世纪 70 年代至今，一直居于世界前列。亚洲金融风暴前，中国的储蓄率一直在 37% ～ 39% 左右。亚洲金融风暴以后，中国的居民储蓄率不降反增，至今已超过 50%，远远高于 20% 左右的世界平均水平。相应地，中国是全球储蓄金额最多的国家，同时也是人均储蓄最多的国家。

如同硬币有正反面，储蓄也具有两面性。储蓄多了，居民财富提高了，对个人而言当然不是什么坏事。适当规模的储蓄，也是金融支撑实体经济、开展大规模投资活动的基础。但储蓄绝不是越多越好，过高的储蓄率也意味着消费率过低、用于投资的资金过多，表明内需薄弱、经济内生动力不足，不利于居民收入长期稳定地增长。

（四）中国消费率变化的几个阶段

与西方发达国家的消费拉动经济增长不同，中国几十年来主要是通过投资，尤其是政府投资拉动经济增长。中国消费率的变化可以分为以下几个阶段。第一阶段：1952—1992 年，消费率始终保持在 60% 以上，并在 1962 年达到 89.6% 的峰值。第二阶段：1993—2006 年，消费率开始在 50% ～ 60% 之间徘徊，2000 年以后消费率的下降趋势非常明显。第三阶段：2007 年至今，2007 年消费率第一次下降到 50% 以下，并且在 2010 年资本形成率（48.6%）首次超过最终消费率（47.4%）。

第五课 格兰仕的产业延伸（一）

主题和要点

　　现代意义的中国企业和品牌的发展，源于改革开放和市场经济的发展。改革开放以来，中国企业有了新的机遇，也面临着新的挑战。一批中国企业从规模小、实力弱的局面起步，经过资本原始积累、技术水平提升、市场竞争磨砺，在竞争中获得了生存空间，逐步成熟壮大起来，并迈出了国际化的步伐，打造出了一批具有世界影响力的自主品牌，特别是家电、通信、饮食、IT等领域的品牌，得到了快速的发展。格兰仕集团就是这样的一个中国企业，其创业、发展、转型历程都有一定的代表性。

阅读本文时重点关注：

1. 格兰仕是怎样创业和发展起来的；
2. 在发展过程中，格兰仕决定转向哪个领域；
3. 格兰仕决定转型的原因是什么。

课 文

一、热身：阅读前熟悉下列词语

1	延伸	yánshēn	v.	延长，伸展 to stretch, to extend	这条路一直延伸到远方。
2	创始人	chuàngshǐ-rén		事件的发起人，机构的创办人 founder	比尔·盖茨是微软的创始人之一。
3	货源	huòyuán	n.	货物的来源 source of goods, supply of goods	今年订花的人太多了，鲜花市场出现了货源不足的情况。
4	设备	shèbèi	n.	成套的建筑或器物 equipment, facility	医疗设备 / 生产设备

5	贷款	dàikuǎn	v.	银行等机构借钱给用钱的单位或个人 to provide/borrow a loan	为购买这批设备，我们决定向银行贷款。
6	制品	zhìpǐn	n.	……制造成的物品 product	塑料制品 / 化学制品； 我们专门生产羽绒服、羽绒被等羽绒制品。
7	积累	jīlěi	v.	（事物）逐渐聚集 to accumulate	积累经验 / 积累资金
8	引进	yǐnjìn	v.	从外地或外国引入（人才、技术、资金等） to introduce from elsewhere, to bring in	这是从日本引进的生产线。
9	生产线	shēngchǎnxiàn	n.	production line	
10	打击	dǎjī	v.	攻击，使受挫折 to frustrate, to make less strong or intense	打击盗版； 找工作时，他在好几家公司面试都没通过，这使他受到了很大的打击。
11	达标	dábiāo	v.	达到标准 to be up to standard	这种车环保不达标。 你们的产品如果质量不达标，我们是不会收货付款的。
12	倒闭	dǎobì	v.	因亏本而停业 to close down	由于经营不善，这家工厂倒闭了。
13	系列	xìliè	n.	相关联的成组成套的事物 series	系列产品
14	高层	gāocéng	n.	职务居于上层的（人） high-ranking official, senior manager	
15	纺织业	fǎngzhīyè		textile industry	
16	基地	jīdì	n.	作为某种事业基础的地区 base	这里是A公司的奶源基地。
17	主攻	zhǔgōng	v.	集中力量主要做某事 to major/specialize in (a subject)	听说这家公司很重视英语，所以他决定面试前主攻英语。

| 18 | 集中 | jízhōng | v. | 把事物等聚集或归纳起来
to concentrate, to put together | 集中资金；
请李秘书把大家的意见集中起来。 |
| 19 | 主打产品 | zhǔdǎ chǎnpǐn | | 重点打造、重点推介的产品
flagship product | 这是我公司的主打产品。 |

二 、 问 题 浏 览 ： 阅读前快速浏览下列问题

（一）信息查找。

1. 梁庆德是格兰仕公司的_____。

2. 桂洲羽绒厂成立几年以后，积累了几百万元资金，于是引进了_____，开始扩大生产规模。

3. _____年，中国羽绒业遭受沉重打击，出口锐减。

4. _____年代末，工厂已经成为国内知名的大企业。企业更名为广东格兰仕企业（集团）公司是在_____年。

5. 格兰仕所在的广东顺德及其周边地区，是中国最大的_____。

6. 进入 20 世纪 90 年代，公司决定从纺织业转向一个成长性更好的行业，因此选定_____行业为新的经营方向。

7. 20 世纪 90 年代，中国的微波炉市场主要集中在_____，当时，微波炉的价格_____。

（二）回答问题。

1. 刚刚成立时，格兰仕是一个怎样的企业？

2. 格兰仕生产过哪些产品？分别在什么时候？

3. 人们怎么评价格兰仕转向微波炉生产的决策？

三 、 快 速 阅 读 ： 快速阅读课文，回答上面的问题

格兰仕的产业延伸（一）

（字数：840　时间：5 ～ 7 分钟）

　　格兰仕公司的前身是广东顺德桂洲羽绒厂。1978 年，公司的创始人梁庆德得到一个信息：羽绒在国外很畅销，国内外贸单位货源紧缺。当时，桂洲镇羽绒资源十分丰富，收购成本很低，羽绒生产对设备、技术、资金的要求也不高。于是，梁庆德贷款 30 万元，

成立了桂洲羽绒厂。当时工厂的职工不过 200 人，主要生产羽绒制品，供外贸单位出口。经过几年的努力，工厂积累了几百万元资金，于是引进了先进的生产线，开始扩大生产规模。

1984 年，工厂成功地把一次危机变为商机。当时，中国羽绒业遭受沉重打击，出口锐减。原因是中国的羽绒质量不达标，美、日等国都把中国羽绒拒之门外。这使得国产羽绒大量积压，大批小羽绒厂面临倒闭。面对危机与挑战，梁庆德大胆决策，尽全力筹集了 400 万元资金，引进先进设备，使生产的产品能够满足国外市场的要求，同时大量低价收购积压的羽绒。这样做虽然冒了很大的风险，但很快就争取到了大量的国外订单，使羽绒厂迎来了空前的发展机遇。到 20 世纪 80 年代末，工厂已经成为国内知名的大企业，羽绒系列制品的销售量和出口额都十分可观，企业获得了丰厚的利润回报。同时，企业先后向服装、纺织、印染行业发展，成长非常迅速。1992 年，企业更名为广东格兰仕企业（集团）公司。

进入 20 世纪 90 年代，国际羽绒制品市场逐渐饱和，这使得贸易保护主义日益抬头。因此，格兰仕高层决定从当时利润还比较高的纺织业转向一个成长性更好的行业。

当时，国内家电市场一片红火，具有良好的成长空间和利润空间。格兰仕所在的广东顺德及其周边地区，是中国最大的家电生产基地，因此公司选定家电行业为新的经营方向。由于当时大家电行业的竞争较为激烈，所以公司决定主攻小家电行业。

经过市场调查，公司发现国内微波炉市场刚开始发育，并且主要集中在北京、上海、广州等大城市，而且微波炉生产企业很少，产品几乎被外国品牌垄断。在国内，微波炉仍然是价格昂贵的高档商品，市场潜力巨大。因此，公司决定，选择微波炉作为进入小家电行业的主打产品。

后来，人们评价说，格兰仕的这个决策是抓住了中国传统产业升级的一次重要机遇。

（选编自：何志毅，《北大案例经典》，中信出版社，2008 年。）

四、仔细阅读：仔细阅读课文，完成下列练习

（一）根据课文内容判断正误。

1. 梁庆德是用自己的 30 万元建立的桂洲羽绒厂。（　　　）

2. 羽绒厂成立时就采用了先进的生产设备。（　　　）

3. 羽绒厂成立初期，产品主要出口到国外。（　　　）

4. 1984 年的危机使桂洲羽绒厂受到了沉重的打击。（　　　）

5. 面对 1984 年的危机，梁庆德做出的决策冒了很大的风险。（　　　）

6. 20 世纪 90 年代，纺织行业没有什么利润空间了。（　　　）

7. 20 世纪 90 年代，小家电市场的竞争比大家电市场激烈。（　　　）

8. 20 世纪 90 年代，国内市场上的微波炉主要是外国品牌。（　　　　）

（二）结合课文解释词语。

　1. 锐减_____　　2. 拒之门外_____

　3. 可观_____　　4. 抬头_____

（三）根据课文内容回答下列问题。

　1. 1978 年，梁庆德成立羽绒厂的有利条件是什么？

　2. 1984 年，美、日等国为什么把中国羽绒拒之门外？

　3. 梁庆德是怎么把危机变成羽绒厂发展的重大机遇的？

　4. 格兰仕为什么决定从纺织业转向其他行业？

　5. 格兰仕为什么选择家电行业作为新的经营方向？

　6. 格兰仕为什么选择微波炉作为进入小家电行业的主打产品？

（四）理解与归纳。

　1. 找出对格兰仕意义重大的三个时间点（段），并说说都发生了什么。

　_____

　2. 将各段与主要内容连线。

　（1）第一段　　　　　　　　　A. 转向微波炉生产

　（2）第二段　　　　　　　　　B. 艰难创业

　（3）第三至五段　　　　　　　C. 变危机为商机

（五）讨论：你怎么看格兰仕从纺织业转向小家电行业？如果你是决策者，请你分析一下
　　　这样做的利弊。

　_____

五、课外任务：完成下列练习与任务

　1. 词语练习：参考课文写出下列词语的搭配。

紧缺_____	收购_____	制品_____
积累_____	引进_____	扩大_____
达标_____	积压_____	风险_____
订单_____	知名_____	回报_____
行业_____	市场_____	空间_____
基地_____	竞争_____	产品_____
升级_____		

2. **小组任务：** 查找相关资料，完成下面的小组报告（任选其一）。

（1）介绍一个中国的服装企业及其市场地位。

（2）介绍一个知名的家电品牌及其优势。

（3）介绍一个格兰仕的小家电产品及其市场竞争力。

拓展阅读

（一）中国小家电市场的需求与商机

小家电行业一直是中国家电行业的重要组成部分。数据显示，在"十一五"[1]时期，中国小家电在全球出口市场就一直保持着60%的份额，中国已经成为全球最主要的小家电生产基地。

经过多年的积累，中国小家电行业的整体制造水平不断提高，小家电生产企业已经具备了一定的创造和创新能力，并能根据市场的变化，及时推出符合市场需求的产品。

随着中国消费者富裕程度与社会文明程度的大幅提升，以及生活节奏的不断加快，未来的消费者将更关注自身的生活品质，个性化、时尚化的消费需求不断涌现，这也对小家电行业提出了新的要求。消费者对小家电产品的需求不再停留在能用、耐用上，便捷、多功能的消费需求日渐凸显。特别是随着消费者生活品质的提升，绿色、健康、有创意的小家电产品将更受欢迎。

小家电市场的这一变化既是机遇也是挑战：不仅为小家电行业开拓了新的方向，创造了广阔的市场发展空间，而且也对小家电产品的设计、生产提出了更高的要求。

一些具有出口优势的企业，在积累了多年国际竞争的经验后，将欧美先进的小家电设计理念和开发技术引入国内，并结合中国消费者的使用习惯，推出更符合中国国情和具有中国特色的小家电产品。

也有些企业另辟蹊径，从中国传统文化出发，把握消费者对健康家电日益关注的新变化，结合现代科技对传统生活方式进行升级，通过特色产品为消费者的生活带来便利。

（选编自：《健康绿生活 小家电转型升级新方向》，2011-08-12。网址为 http://jiaju.sina.com.cn/sh/news/2011-08-12/093643109045.shtml。）

---

1 "十一五"即中国国民经济和社会发展第十一个五年规划，起止时间为2006—2010年。

1. 解释词语。

另辟蹊径＿＿＿＿＿＿＿＿＿＿＿＿＿＿＿＿＿＿

2. 回答问题。

（1）中国小家电行业的市场地位和发展水平怎么样？

（2）市场对小家电行业提出的新要求是什么？为什么会出现这些变化？

（3）小家电企业是怎样应对市场的新需求的？

（二）中国服装产业将面临巨大挑战

　　近几年，商铺租金上涨、库存增多、环保等问题时刻刺激着中国服装企业的敏感神经。数据显示，国内服装市场整体销售额增速放缓，遭遇十年来的最低水平。同时，一些企业的高库存问题一直挥之不去，甚至还有愈演愈烈的趋势。中国服装产业仍将面临巨大的挑战。

　　以往中国服装产业大都依靠外贸加工订单，通过大量生产来获得利润。但是，劳动力价格的上涨、原材料价格的增高使得加工成本不断上升，仅靠低成本赚取利润已经很难了。而且，如今的消费者越来越强调服装的个性化，这也使得一些一味靠大批量生产服装的厂家的生存变得更加困难。

　　不过，尽管面临诸多问题，中国服装产业并不会就此走向衰落。相反，这正是中国服装产业的一个关键的转型时期。中国服装产业现在所经历的时期，与欧美国家20世纪50年代所经历的过程十分相似。未来的服装产业不能靠压低成本、扩大生产来获得利润，而是要靠品牌的知名度和设计的创新性来提高竞争力。品牌大、设计新的服装厂家会在日后的竞争中脱颖而出，而一些小服装厂很可能会在这一过程中被大品牌吞并，或者干脆倒闭。

　　（选编自：于冬雪，《2013年服装业将面临巨大挑战》，《南方日报》，2013-03-22。网址为http://epaper.southcn.com/nfdaily/html/2013-03/22/content_7175525.htm。）

1. 判断正误。

（1）由于面临诸多问题，未来中国服装产业没什么前途了。（　　　　）

（2）20世纪50年代的欧美国家服装产业与现在的中国服装产业有着类似的经历。（　　　　）

（3）小服装厂未来也会有很大的发展机会。（　　　　）

2. 解释词语。

（1）放缓＿＿＿＿＿＿＿＿＿＿＿＿　　　　（2）挥之不去＿＿＿＿＿＿＿＿＿＿＿＿

（3）愈演愈烈＿＿＿＿＿＿＿＿＿＿＿＿　　　（4）脱颖而出＿＿＿＿＿＿＿＿＿＿＿＿

3. 回答问题。

（1）近几年，中国服装企业面临着哪些问题？

（2）以往中国服装产业是怎样获得利润的？

（3）中国服装产业以往的盈利方式为什么很难继续下去？

（4）未来的服装产业要靠什么来提高竞争力？

（三）中国三大家电产业群

世界各国具有竞争力的产业往往都是由大大小小的产业集群组成的，如美国的硅谷（Silicon Valley）、印度的班加罗尔（Bengaluru）软件产业群等，这种强大的竞争力一旦形成，会使该国（或区域）长期受益。

中国的家电行业应该说是市场化最充分的行业，由于世界家电制造中心的转移，中国已成为世界最大的家电生产与消费国之一。随着市场经济的发展，家电行业在充分竞争的过程中，形成了区域性的家电制造产业群。20世纪90年代初期到中期，国内形成了广东顺德、江苏沿江、山东青岛三大家电产业群。

广东是中国改革开放的桥头堡，由于受到香港的辐射而成为外向型的出口制造基地。在地方政府的推动之下，广东顺德诞生了美的、科龙、格兰仕、万家乐等知名家电企业。

江苏沿江家电产业群的形成主要有以下几个因素：首先，原先江苏的工业基础与家电产业基础较好；其次，当地经济的快速发展以及外资的进入，提升了当地制造业的水平（南京、苏州、无锡是国内较早成功引入外资的代表）；最后，上海工程师对苏南一带乡镇家电企业的技术指导也功不可没。因此，江苏沿江产生了当时有名的春兰、小天鹅、香雪海、熊猫等家电品牌。

山东青岛家电企业是在原有的工业基础上，依靠不断创新、不断提升家电产品的技术含量发展壮大的。当地政府对国有家电企业很少干预，并鼓励企业进行规模扩张。海尔和海信就是在这种良好的环境中快速发展起来的典型代表。

三大家电产业群的形成产生了极具竞争力的集群效应，中国家电的国内市场销量和出口量也因此连续多年高速增长，而且也越来越引起跨国家电巨头的关注，这三个地区成为跨国家电巨头首选的全球制造基地。

随着市场经济的进一步深化、国内消费需求的增长和世界家电产业制造基地的转移，中国的三大家电产业群也渐渐发生了变化。

原来的广东顺德、江苏沿江、山东青岛三大产业群（以城市为单元），发展为珠三角、长三角、胶东半岛三大产业群（以城市群为单元），产业群的范围扩大了。如原来的广东顺德产业群扩散到现在的顺德、中山、佛山甚至东莞等珠三角区域，而江苏沿江产业群则发展到宁波、杭州、上海及合肥等长三角区域。

（选编自：周春兵，《中国 3 大家电产业群的演变、剖析与发展思考（上）》，《现代家电》，2005 年第 5 期。）

1. 解释词语。

（1）受益＿＿＿＿＿＿＿＿＿＿＿　　　（2）功不可没＿＿＿＿＿＿＿＿＿＿＿

（3）首选＿＿＿＿＿＿＿＿＿＿＿

2. 回答问题。

（1）在中国，为什么会出现顺德、沿江、青岛三大家电产业群？

（2）这三大家电产业群形成的主要因素分别是什么？

（3）这三大家电产业群的形成带来了哪些好处？

（4）三大家电产业群发生变化的原因是什么？

（5）用一句话总结三大家电产业群发生的变化。

3. 查一查。

（1）上网查资料，了解什么是"产业集群、集群效应、制造业转移"。

（2）查词典，看看"桥头堡、辐射"是什么意思。

（3）了解一下短文中提到的家电品牌和中国城市。

附　录

一、概念与术语

生产线（production line）：指工业企业内部为生产某种产品设计的、从材料投入到产品制成的连贯的工序，也指完成这套工序的整套设备。

市场饱和（market saturation）：指市场需求已基本达到峰值，增长缓慢或不再增长，而市场供给已经接近需求或超过需求。

贸易保护主义（trade protectionism）：指在对外贸易中实行限制进口以保护本国商品在国内市场免受外国商品竞争，并向本国商品提供各种优惠以增强其国际竞争力的主张和政策。

产业升级（industrial upgrading）：指产业结构的改善和产业素质与效率的提高。产业结构是指第一、二、三产业在国民经济中的比例以及各产业内部的配置，如轻工业与重工业、劳动密集型与资本密集型等。产业升级就是从目前的产业结构升级转移到利润更大的产业结构，比如从传统的工厂发展为高技术企业。产业升级必须依靠技术进步。

二、背景与知识链接

（一）格兰仕集团（Galanz Group）

格兰仕集团是一家世界级企业，在广东顺德和中山拥有国际领先的微波炉、空调及小家电研究和制造中心，在中国拥有十几家子公司，在全国各地共设立了60多家销售分公司和营销中心，在中国香港、韩国首尔，以及北美等地都设有分支机构。

作为中国制造和中国民营企业的杰出代表之一，格兰仕有着在实践中稳健成长、发展和壮大的历史，是中国改革开放成功推进的一个企业标签。在成立的第一个十年里，格兰仕荒滩创业，创造出了一个过亿元的轻纺工业区；在第二个十年里，格兰仕从轻纺业转入微波炉行业，成为中国首批建立现代企业制度的乡镇企业之一，并迅速赢得微波炉领域的冠军；在第三个十年里，格兰仕开始打造一个以微波炉、空调、冰箱、洗衣机及其他生活电器为核心的跨国白色家电集团。

（二）中国的广东省

广东，简称"粤"，省会广州，是中国大陆最南端的一个沿海省份，也是中国经济最发达、最具市场活力和投资吸引力的地区之一。

广东是中国民族工业发展最早和最快的地区之一。1978年以来，广东在全国率先实行改革开放政策，促进了经济的快速发展，现在已成为中国第一经济大省。珠江三角洲地区已经成为世界知名的加工制造出口基地，是世界产业转移的首选地区之一。

广东省的经济以制造业为主。作为中国经济总量最大和发展最快的省份，广东省的许多经济指标都位居全国第一，如地区生产总值、社会消费品零售总额、居民储蓄存款、专利申请量、税收、进出口总额、旅游总收入、移动电话拥有量、互联网用户、货物运输周转总量等。

在省会广州举办的每年两届的广交会（中国进出口商品交易会）是中国出口贸易的晴雨表，支撑了广东省内外贸易和出口加工业多年的持续发展。现在，广东正以广州、深圳为中心，与香港、澳门合作打造粤港澳大湾区。

（三）企业产品的多元化

单凭一个产品打天下的时代已经过去了，丰富的产品线也是企业在市场竞争中制胜的关键。

进行有效的产品线规划，创造产品组合，这样才能在同一个环境下创造区别和竞争力。采用"组合拳法"，才能有力地冲击市场，阻击竞争对手，争取更多的销售机会。企业的系列产品，丰富了货架，满足了不同消费者的需求，形成了不同的产品诉求和价格，这也是细分市场的表现。比如，太太药业中有太太口服液、静心口服液和其他系列产品，娃哈哈也拥有强有力的产品组合套餐。但是刚起步的企业不能盲目追求产品的多元化，否则可能会一个产品也做不好。

格兰仕的产业延伸（二）

主题和要点

阅读本文时重点关注：

1. 格兰仕是怎样开始和进行微波炉生产的；
2. 格兰仕是怎样占领微波炉市场的；
3. 格兰仕后来又开始生产什么产品，原因是什么；
4. 格兰仕是怎么进入这个市场的，在这个领域的地位怎么样。

课 文

一、热身：阅读前熟悉下列词语

1	工程师	gōngchéng-shī	*n.*	engineer	
2	收益	shōuyì	*n.*	生产上或商业上的收入 earnings, profit	这几年他在房地产投资中获得了不错的收益。
3	占领	zhànlǐng	*v.*	占有 to take up, to occupy	我们的产品很快占领了国内市场。
4	多元化	duōyuán-huà	*adj.*	多样的，不是集中统一的 diversified	为了分散风险，增加盈利点，很多企业开始实行多元化经营策略。
5	黑马	hēimǎ	*n.*	意料之外的获胜者 dark horse, surprise winner	在这次比赛中，不被看好的5号选手获得了第1名，成为比赛中的黑马。
6	累计	lěijì	*v.*	加起来计算，总计 to total	这周和上周他分别迟到了2次，他现在已经累计迟到了4次。

7	知名度	zhīmíngdù	n.	被公众知道、了解的程度 popularity, fame	
8	突破	tūpò	v.	打破（困难、限制等） to break through, to surmount	比赛快结束时，A 队的运动员突破了对方的防守，打进了关键的一个球。 他的成绩一直难以突破 70 分。
9	研发	yánfā	v.	研究与开发 to research and develop	

二、问题浏览： 阅读前快速浏览下列问题

（一）信息查找。

1. 第一台格兰仕微波炉诞生的时间是_____。

2. 为确保微波炉的生产，格兰仕曾放弃过_____。

3. 在与对手的竞争中，格兰仕发起了一次又一次的_____。

4. 占领国内市场后，格兰仕微波炉又在多个国家获得了_____，向国际市场迅速扩张。

5. 进入 21 世纪后，格兰仕开始考虑_____经营，发展新的产业。

6. 在空调市场，_____端市场的竞争对手更集中，竞争更激烈。

7. 目前格兰仕拥有绝对优势的，只有_____业务。

（二）回答问题。

1. 进入 21 世纪后，格兰仕还从事纺织业吗？

2. 格兰仕给微波炉价格市场带来了什么影响？

3. 格兰仕微波炉在行业内的地位怎么样？

4. 2001 年，格兰仕空调的销售量怎么样？

5. 格兰仕空调在行业内的地位怎么样？

三、快速阅读：快速阅读课文，回答上面的问题

 格兰仕的产业延伸（二）

（字数：861　时间：5～7分钟）

格兰仕从上海聘请了5位著名的微波炉高级工程师，很快形成了一支技术人员队伍。然后，格兰仕从日本东芝集团引进了先进的生产线，并与其进行技术合作。1992年9月，第一台格兰仕微波炉诞生了。

在以后的几年里，格兰仕将经营纺织业十多年积累的资金和微波炉产品本身的收益，全部投入到微波炉的生产与销售上。据说，为确保微波炉的生产，公司曾放弃过几百万美元的羽绒制品订单。1999年1月，格兰仕结束了最后一项纺织产业，全面转为家电集团。

在与对手的竞争中，格兰仕发起了一次又一次的价格战。经过数次降价，格兰仕把原先几千元一台的高档奢侈品，变成了几百元一台的大众消费品，因此迅速扩大了市场份额和生产规模，获得了领先的成本优势。短短几年，格兰仕微波炉就获得了巨大成功，在微波炉行业已经绝对领先，市场占有率稳居第一。

占领国内市场后，格兰仕微波炉又在多个国家获得了质量认证，向国际市场迅速扩张，从全国最大做到了全球最大。

进入21世纪后，微波炉产品已进入市场<u>饱</u>和与微利时代，上升空间很小，因此格兰仕开始考虑多元化经营，发展新的产业。经过分析，格兰仕选择了家电行业的"最后一块<u>沃土</u>"——空调行业。

2000年9月，格兰仕开始进入空调制冷行业。通过对空调市场的调查，格兰仕发现中、低端市场的竞争对手更集中，竞争更激烈，所以格兰仕选择直接进入高端市场，然后用高端产品降价冲击低端市场，提高自己的市场占有率。

2001年6月，格兰仕空调推出大力度的促销活动。在一些中心城市，格兰仕空调成为一匹黑马，销售量赶上甚至超过了许多一线品牌。当年，格兰仕空调获得的订单数量累计达到170万台。

不过，国内空调市场中已经存在几十家中外知名企业，格兰仕只是一个后进入者。与海尔、美的等一流企业相比，格兰仕空调的生产规模较小，知名度偏低，赢利能力还比较弱。因此，格兰仕在空调领域还没有进入"第一梯队"。

无论是微波炉还是空调，作为生活必需品，永远都要不断更新换代。目前格兰仕拥有绝对优势的，只有微波炉业务。在空调领域，格兰仕虽然有冲击一流企业的潜力，但是还必须尽快在技术上做出突破，尽快提高和世界级品牌竞争的研发能力。

（选编自：何志毅，《北大案例经典》，中信出版社，2008年。）

四、仔细阅读：仔细阅读课文，完成下列练习

（一）根据课文内容判断正误。

1. 为了生产微波炉，格兰仕引进了高水平的人才和先进的生产线。（　　　）

2. 格兰仕全力投入到了微波炉的生产与销售上。（　　　）

3. 格兰仕大大降低了微波炉的价格，使微波炉开始普及。（　　　）

4. 为了避开竞争对手，格兰仕选择首先进入低端空调市场。（　　　）

5. 2001年，格兰仕空调在一些中心城市销售量很大，这是大家意料之中的事。（　　　）

6. 海尔、美的是生产空调的一流企业。（　　　）

7. 空调和微波炉都需要不断更新换代。（　　　）

8. 在空调领域，格兰仕有冲击一流企业的潜力。（　　　）

（二）结合课文解释词语。

1. 饱和＿＿＿＿＿＿＿＿＿＿＿＿　　　2. 沃土＿＿＿＿＿＿＿＿＿＿＿＿＿＿

3. 梯队＿＿＿＿＿＿＿＿＿＿＿＿＿

（三）根据课文内容回答下列问题。

1. 在微波炉领域，格兰仕是怎样迅速获得成功的？

2. 进入21世纪后，格兰仕为什么开始考虑多元化经营？

3. 格兰仕为什么选择直接进入高端空调市场？

4. 在空调领域，与海尔、美的相比，格兰仕有哪些不足？

（四）理解与归纳。

1. 给第一至四段拟一个合适的标题。

＿＿＿＿＿＿＿＿＿＿＿＿＿＿＿＿＿＿＿＿＿＿＿＿＿＿＿＿＿＿＿＿＿＿＿＿＿

2. 给第五至八段拟一个合适的标题。

＿＿＿＿＿＿＿＿＿＿＿＿＿＿＿＿＿＿＿＿＿＿＿＿＿＿＿＿＿＿＿＿＿＿＿＿＿

3. 结合第五、六课，简要总结格兰仕产业延伸的过程。

＿＿＿＿＿＿＿＿＿＿＿＿＿＿＿＿＿＿＿＿＿＿＿＿＿＿＿＿＿＿＿＿＿＿＿＿＿

（五）讨论：查找相关资料，谈谈你对下面问题的看法。

1. 你怎么评价格兰仕的几次重大决策？

＿＿＿＿＿＿＿＿＿＿＿＿＿＿＿＿＿＿＿＿＿＿＿＿＿＿＿＿＿＿＿＿＿＿＿＿＿

2. 你怎么看格兰仕的价格战？简要分析价格战的利弊。

＿＿＿＿＿＿＿＿＿＿＿＿＿＿＿＿＿＿＿＿＿＿＿＿＿＿＿＿＿＿＿＿＿＿＿＿＿

3.简单总结一下格兰仕的发展历程及其成功的原因。

_____

五、课外任务： 完成下列练习与任务

1.**词语练习：** 参考课文写出下列词语的搭配。

高级_____　　　合作_____　　　订单_____

消费品_____　　扩大_____　　　优势_____

占领_____　　　认证_____　　　市场_____

经营_____　　　品牌_____　　　知名_____

一流_____　　　能力_____

2.**小组任务：** 查找相关资料，完成下面的小组报告（任选其一）。

（1）介绍一下格兰仕的空调产品。

（2）介绍一个知名的空调品牌，简要分析其优势及面临的问题。

（3）简单介绍一下中国空调产业的发展状况。

拓展阅读

 （一）中国微波炉市场

　　微波炉是进入中国居民家庭的历史不长但普及速度非常快的产品。20世纪80年代，中国微波炉市场销售的都是外国品牌，微波炉价格昂贵，可谓高档奢侈品。后来国内家电企业相继生产微波炉，微波炉售价虽有所下调，但依然很贵。格兰仕微波炉的诞生改写了中国微波炉市场的历史，特别是2000年以来，格兰仕微波炉以超低价供应市场，这使微波炉变为普通的大众消费品。至2001年，城市居民家庭微波炉的拥有率已达到44%，其中东部沿海地区的拥有率达到了51%，中、西部地区分别为39%和35%。

　　在中国，微波炉行业是品牌集中度很高的行业，2001年市场排名第一的格兰仕已占有市场份额的60%左右，而排名第二的LG仅占25%左右，排名第三的美的仅占10%左右。此时，格兰仕凭借年产1200万台的生产能力，获得了领先的成本优势，因而提高了进入该行业的门槛，让很多年产只有几万台、几十万台的家电企业不得不对微波炉生意失去了兴趣。

（选编自：何志毅，《北大案例经典》，中信出版社，2008年。）

1. **回答问题。**

（1）格兰仕微波炉诞生前，中国的微波炉生产和价格情况如何？

（2）格兰仕是怎样使微波炉变为普通的大众消费品的？

（3）为什么说微波炉行业是品牌集中度很高的行业？

（4）格兰仕是怎样获得成本优势的？

2. **理解与归纳：** 给第一段拟一个合适的标题。

（二）

　　格兰仕在竞争中频频使用降价的手段，以确保其总成本领先的优势，其生产规模每上一个台阶，价格就大幅下调。当生产规模达到 125 万台时，格兰仕就把产品的出厂价定在生产规模为 80 万台的成本价以下；当生产规模达到 300 万台时，格兰仕又把出厂价调到规模为 200 万台的成本价以下。由于微波炉的技术含量比较低，很难形成技术上的差异，因此价格是各个竞争厂家面临的最大压力。这样，格兰仕很快就成为中国微波炉市场的领导者，并一直保持着这种优势地位。1996 年初，格兰仕的市场占有率为 20%，同年 8 月的第一次降价使它的市场占有率飙升到 50%。此后格兰仕不断进行市场扩张，市场占有率曾达到过 70%（1998 年 7 月）。2000 年 6 月，格兰仕又重拳出击，将其最畅销的微波炉系列产品的价格下调 40%，又一次发起了中国微波炉市场的价格大战。格兰仕连续降价，同时配合使用各种促销手段，压缩了微波炉市场的利润空间，使多数竞争对手已无力与之抗衡，要么退出微波炉市场，要么在所剩无几的空间中挣扎，充当市场补缺者的角色。格兰仕则迅速扩大了自己的市场份额，成本领先优势得到加强。

　　（选编自：何志毅，《北大案例经典》，中信出版社，2008 年。）

1. **解释词语。**

（1）上一个台阶＿＿＿＿＿＿＿＿＿＿　　（2）所剩无几＿＿＿＿＿＿＿＿＿＿

（3）挣扎＿＿＿＿＿＿＿＿＿＿＿＿＿

2. **回答问题。**

（1）格兰仕是根据什么调整价格的？

（2）为什么格兰仕把价格作为主要的竞争手段？

（3）格兰仕价格战的效果如何？

3. **理解与归纳。**

（1）最适合做这段短文标题的是（　　　）

A. 格兰仕的价格战

　　B.格兰仕是怎样获得成本优势的

　　C.格兰仕的市场占有率

（2）简述格兰仕的几次价格战及其效果。

 （三）企业多元化经营战略的作用

　　1.分散风险，提高经营安全性。宏观经济的波动、市场行情和竞争局势的变化，都直接影响企业的生存和发展。如果某企业经营的产品单一，经营专业领域集中，一旦市场中该产品或该领域遭遇危机，那么该企业将面临灭顶之灾。相反，如果某企业经营范围较宽、产品多样，则该企业抗击市场风险的能力将大大增强。因此，很多企业选择了多元化经营战略，进入更多的行业，生产更多类型的产品，提供更多样的服务，以确保企业经营"东方不亮西方亮"。比如，有些生产耐用消费品的企业，兼营收益较稳定的食品加工业，以分散风险，增强适应外部环境的应变能力。

　　2.有利于企业向前景好的新兴产业转移。由于新技术革命的影响，一些高技术新兴产业发展迅速。企业实行多元化经营，在原有基础上向新兴产业扩展，不仅可以减轻原有市场的竞争压力，还可以逐步从增长较慢、收益率较低的行业向收益率高的行业转移。例如，在20世纪50年代，美国的泰克斯特龙公司是一家纺织企业，由于纺织业资本收益率低，且易受经济萧条的影响，因而公司转向其他行业，逐渐变为混合型大公司，资本收益率也大幅度提高了。

　　3.有利于促进企业原有业务的发展。行业间会有互相促进的作用，通过多元化经营，扩展服务项目，往往可以达到促进原有业务发展的作用。例如，曾经位居日本印制业首位的大日本印刷公司，在继续经营印刷业的同时，把业务扩展到承揽国际体育会议筹备、承办全国性产品展览、代客户市场调查、情报服务等方面。由于这些新业务离不开印刷，因此发展这些新业务，不仅提供了年递增率10%～20%的收入，而且也使公司原来需要补贴的一些印刷部门扭亏为盈。

　　4.充分利用富余资源。企业（特别是大型企业）在发展过程中，因科技水平的提高、人员素质的提升、管理理念和方法的改进、企业发展方向的变化等，一般都会产生大量的富余资源，包括设施设备等有形资源、信誉等无形资源以及人力资源等。这些富余的资源如果没有得到充分利用，就会造成企业大量人、财、物的浪费，成为企业的负担。如果企业采取多元化经营的战略，这些富余的资源就能得到充分利用，为企业创造更大的效益。

　　5.争取协同效应。由于协作的作用，两个（或两个以上）的事物结合在一起，可能产生大于两个（或两个以上）事物简单相加的效果，即"1+1>2"，这就是所谓的协同效应。多元化经营能帮助企业获得管理、广告、商誉、销售等各方面的协同效应，使企业的人员、设备、资源的生产效率得到提高。另外，多元化经营还可以让企业获得批量采购原材料、设备等的规模经济，使企业获得成本优势。

（选编自：桂妍，《我国企业多元化经营现状及对策分析》，中央电视大学本科论文，2011 年；狄学文，《对我国企业多元化经营的思考》，《商情》，2016 年第 3 期。）

1. 解释词语。

（1）灭顶之灾＿＿＿＿＿＿＿＿＿＿ （2）东方不亮西方亮＿＿＿＿＿＿＿＿

（3）扭亏为盈＿＿＿＿＿＿＿＿＿＿

2. 回答问题。

（1）企业经营的产品单一、经营专业领域集中的缺点是什么？

（2）企业在原有基础上向新兴产业扩展，有什么好处？

（3）大日本印刷公司发展新的业务给它带来了哪些好处？为什么？

（4）企业的富余资源有哪些？能否充分利用富余资源会给企业带来什么影响？

（5）"协同效应"指的是什么？多元化经营能帮助企业获得怎样的协同效应？

3. 查一查。

（1）查找资料，了解一下什么是"资本收益率、规模经济"。

（2）查词典，看看"萧条、递增"是什么意思。

附 录 ➤

一、概念与术语

成本优势（cost advantage）：是指公司的产品依靠低成本，获得高于同行业其他企业的赢利能力。在很多行业中，成本优势是决定竞争优势的关键因素。

质量认证（quality certification）：产品质量认证也称产品认证，国际上称合格认证。产品质量认证是依据产品标准和相应技术要求，经认证机构确认并通过颁发认证证书和认证标志，证明某一产品符合相应标准和相应技术要求的活动。产品质量认证是国际上通行的管理产品质量的有效方法。目前，世界各国的产品质量认证一般都依据国际标准进行，这些标准 60% 是由 ISO（国际标准化组织）制定的，20% 是由 IEC（国际电工委员会）制定的，其余的 20% 是由其他国际标准化组织制定的。产品质量认证包括合格认证和安全认证两种：依据标准中的性能要求进行认证的叫作合格认证，依据标准中的安全要求进行认证的叫作安全认证。前者是自愿的，后者是强制性的。如输美产品的 UL 认证、输欧产品的 CE 认证等均属安全认证。

多元化经营（diversified operation）：是指企业经营不只局限于一种产品或一个产业，而是充分发挥企业特长，充分利用企业的各种资源，增加产品大类和品种，跨行业生产经营多种多样的产品或业务，扩大企业的生产经营范围和市场范围。

高端／低端市场（high-end/low-end market）：根据产品价格或消费者的购买能力，可以把产品面对的市场分为高端市场和低端市场，在所有行业中都存在高端市场和低端市场。高端市场和低端市场之间最明显和最主要的区别在于品牌、技术和价格三个方面。一般来说，高端市场的产品具有高品质、高价值等特点，产品的技术含量普遍高于低端市场，高端市场的消费者对品牌的关注程度也远远高于低端市场的消费者。

高端市场与低端市场的比较

性质	高端市场	低端市场
市场容量（销量）	较小	较大
市场增长潜力	小	大
利润率	较高	较低
技术含量	较高	较低
进入壁垒	较高	较低
价格弹性	较小	较大
品牌关注度	较高	较低
售后服务	较多	较少
消费者购物体验	重视	相对轻视
受经济衰退影响	较大	较小
与经济繁荣程度的关系	正相关	正、负相关都可能
对提升品牌的影响	较大	较小
主要地理市场	经济发达地区	全国绝大多数地区
主要目标客户群	中、高收入阶层	各种收入阶层
渠道深度	大、中城市	深入到三级城市甚至农村
铺货率	较低	较高
终端管理要求	较高	相对较低

二、背景与知识链接

（一）海尔集团（Haier Group）

海尔集团 1984 年创立于青岛，从一家资不抵债、濒临倒闭的集体小厂发展成为全球最大的家用电器制造商之一。

世界权威市场调查机构欧睿国际（Euromonitor International）发布的 2015 年全球大型家用电器品牌零售量数据显示：海尔大型家用电器 2015 年品牌零售量居全球第一，这是自 2009 年以来海尔第 7 次蝉联全球第一；同时，冰箱、洗衣机、酒柜、冷柜也分别以大幅度领先第二名的品牌零售量继续蝉联全球第一。目前，海尔在全球有 10 大研发基地、

24 个工业园、108 个制造中心、66 个销售中心，用户遍布全球 100 多个国家和地区。

（二）美的集团（Midea Group）

美的集团是一家以家电制造业为主的大型综合性企业集团，总部位于广东省佛山市。美的于 1968 年成立，1980 年正式进入家电行业，1981 年注册美的商标。

美的旗下拥有美的、小天鹅、威灵、华凌、安得、美芝等十余个品牌，现拥有中国最完整的空调产业链、冰箱产业链、洗衣机产业链、微波炉产业链和洗碗机产业链，拥有中国最完整的小家电产品群和厨房家电产品群。集团在国内建有 15 个生产基地，分别是：广东顺德、广州、中山，安徽合肥及芜湖，湖北武汉及荆州，江苏无锡、淮安、苏州及常州，重庆，山西临汾，江西贵溪，河北邯郸。美的在越南、白俄罗斯、埃及、巴西、阿根廷、印度等国建有生产基地，在全球设有 60 多个海外分支机构，产品远销 200 多个国家和地区。

（三）企业多元化经营的形式

企业多元化经营的形式多种多样，但主要可归纳为以下四种类型。

1. 同心多元化经营战略（concentric diversification strategy）。也称为集中多元化经营战略，指企业利用原有的生产技术条件，制造与原产品用途不同的新产品，如汽车制造厂生产汽车，同时也生产拖拉机、柴油机等。同心多元化经营的特点是：原产品与新产品的基本用途不同，但它们之间有较强的技术关联性。

2. 水平多元化经营战略（horizontal diversification strategy）。也称为横向多元化经营战略，指企业生产新产品销售给原市场的顾客，以满足他们新的需求。如某食品机器公司，原来生产食品机器卖给食品加工厂，后来生产收割机卖给农民，以后再生产农用化学品，仍然卖给农民。水平多元化经营的特点是：原产品与新产品的基本用途不同，但它们之间有密切的销售关联性。

3. 垂直多元化经营战略（vertical diversification strategy）。也称为纵向多元化经营战略，它又分为前向一体化经营战略和后向一体化经营战略。前向一体化经营是指原料工业向加工工业发展，制造工业向流通领域发展，如钢铁厂开设金属家具厂和钢窗厂等；后向一体化经营指加工工业向原料工业或零部件、元器件工业扩展，如钢铁厂投资铁矿采掘业等。垂直多元化经营的特点是：原产品与新产品的基本用途不同，但它们之间有密切的产品加工阶段关联性或生产与流通关联性。一般而言，后向一体化经营可保证原材料、零配件供应，风险较小；前向一体化经营往往会在新的市场遇到激烈的竞争，但原料或商品货源有保障。

4. 整体多元化经营战略（overall diversification strategy）。也称为混合式多元化经营战略，指企业向与原产品、技术、市场无关的经营范围扩展。如美国电话电报公司的主要业务是电信，后来扩展经营旅馆业务。整体多元化经营需要充足的资金和其他资源，故多为实力雄厚的大公司所采用。

第七课　中国纺织业

主题和要点

　　纺织业在中国是一个劳动密集程度高、对外依存度较大的产业。中国是世界上最大的纺织品服装生产和出口国，纺织品服装出口的持续稳定增长对保证中国经济平稳增长、解决社会就业及纺织业可持续发展至关重要。这篇课文介绍的是中国纺织业的相关情况。

阅读本文时重点关注：

1. 纺织业在中国的重要性；
2. 中国纺织品的出口情况；
3. 中国纺织业中外资的情况；
4. 中国纺织业存在的问题；
5. 中国纺织业的发展带动了哪些产品的进口及对相关产业的影响。

课　文

一、热身：阅读前熟悉下列词语

1	密集	mìjí	*adj.*	稠密 concentrated, intensive	劳动密集型产业 / 资本密集型产业 / 技术密集型产业； 香港是一个人口密集的城市。
2	就业	jiùyè	*v.*	得到职位，参加工作 to be employed	近几年，大学生就业难成为普遍现象。
3	纤维	xiānwéi	*n.*	天然的或人工合成的细丝状物质或结构 fiber	天然纤维； 棉、麻、毛等天然纤维是纺织工业的重要原料。

4	涉及	shèjí	v.	关系到 to concern, to involve	这个计划涉及采购、财务、生产等几个部门。
5	依存	yīcún	v.	互相依附而存在 to depend on sb./sth. for existence	对外依存度； 人与自然是互相依存的。自然环境需要人类的保护，反过来，环境破坏了，我们人类也无法生存。
6	产业链	chǎnyèliàn	n.	industry chain	
7	分工	fēngōng	v.	分别从事各种不同而又互相补充的工作 to share the work; division of work	部门里的每个人都有明确的分工。这个项目要做的工作很多，你们几个先分一下工。
8	附加	fùjiā	v.	附带加上，额外加上 to add, to attach	附加值（added value）； 在高油价时期，我们打车、坐飞机需要支付燃油附加费。
9	机械	jīxiè	n.	machinery	
10	容量	róngliàng	n.	capacity	市场容量
11	媒体	méitǐ	n.	media	新闻媒体

二、问题浏览：阅读前快速浏览下列问题

（一）信息查找。

1. 纺织工业是一个与_____业密切相关的产业。

2. 中国的纺织品出口值占整个行业产值的比重超过_____。因此，中国纺织业的对外依存度_____。

3. 2005 年后，中国纺织品出口的增加量中，70% 是_____企业的产品。

4. 中国纺织企业多数处于整个纺织产业链的_____，因此，中国企业往往只赚取不到 10% 的_____。

5. 由于纺织业的发展，中国进口的_____和_____也不断增加。

6. 在中国与美国的纺织品贸易谈判中，中方谈判的三大法宝是_____、_____、_____。

（二）回答问题。

1. 纺织业在中国地位如何？为什么？

2. 中国纺织业的外国投资多不多？原因是什么？

3. 纺织产业链主要有哪些分工？

三 、 快 速 阅 读： 快速阅读课文，回答上面的问题

 # 中国纺织业

（字数：763　时间：4～6分钟）

20世纪80年代以来，中国的纺织工业快速崛起。由于纺织业是典型的劳动密集型产业，因而创造了大量的就业岗位。这些就业人口中有70%来自农村，因此，中国纺织业在解决城市下岗工人再就业和农村剩余劳动力就业方面，起着不可忽视的作用。纺织工业还是一个与农业密切相关的产业。中国纺织工业使用大量国产天然纤维，如棉、麻、毛等，这些天然纤维的种植、加工和处理，涉及1亿农民的生计。

改革开放以来，中国纺织品出口增长迅速，纺织品一直是中国主要的出口产品，纺织品出口值占整个行业产值的比重超过40%。由于出口比重高，中国纺织业的对外依存度也很高，国际市场的波动对中国纺织业的负面影响很大。

作为最早对外开放的行业之一，中国纺织业吸引了大量外资进入，特别是中国加入WTO以后，外国直接投资大幅增加。2005年后，中国纺织品出口的增加量中，70%是外资企业的产品。

纺织产业链从原料到销售，主要有纺织产品的生产制造、纺织设备的研发和制造、纺织技术的研发、产品设计、品牌和渠道等分工。中国纺织企业多数处于整个纺织产业链的低端，在劳动密集型的生产制造环节上占有很大份额；而在资本和技术密集型的高附加值领域，如设备研发制造、技术研发、产品设计、品牌和渠道等，发达国家仍然处于控制地位。因此，中国企业往往只赚取不到10%的加工费，更多的收益则都被外国企业收入囊中。

由于纺织业的发展，中国进口的纺织原料也在不断增加，其中大部分原料是从美国进口的。同时，中国纺织机械设备的市场容量也在增长，市场需求占全球的30%，其进口量也在不断增加。可见，中国纺织业在为全世界消费者提供大量物美价廉产品的同时，还促进了各国相关产业的发展。因此，在中国与美国的纺织品贸易谈判中，中方往往把美国农产品（包括棉花、大豆等）、纺织机械、辅料的进口与纺织品谈判挂钩。有的媒体更是把棉花、大豆与纺织机械称为中方谈判的"三大法宝"。

（选编自：王勇，《中美经贸关系》，中国市场出版社，2007年。）

四 、 仔 细 阅 读 ： 仔细阅读课文，完成下列练习

（一）根据课文内容判断正误。

1. 中国纺织业的劳动力主要来自农村。（　　　）

2. 外资纺织企业的产品，出口量也很大。（　　　）

3. 中国纺织企业在劳动密集型的生产制造环节上占有很大份额，而发达国家的企业在资本和技术密集型的高附加值领域处于控制地位。（　　　）

4. 中国的纺织品出口量很大，因此中国纺织企业赚取了整个产业链条的大部分收益。（　　　）

5. 中国纺织业使用的纺织原料都是国产的。（　　　）

（二）结合课文解释词语。

1. 负面影响＿＿＿＿＿＿＿＿＿　　2. 收入囊中＿＿＿＿＿＿＿＿＿

3. 挂钩＿＿＿＿＿＿＿＿＿＿　　4. 法宝＿＿＿＿＿＿＿＿＿＿

（三）根据课文内容回答下列问题。

1. 为什么说中国纺织业涉及1亿农民的生计？

2. 为什么国际市场的波动对中国纺织业的负面影响很大？

3. 为什么中国纺织企业往往只能赚取较低的加工费用？

4. 为什么说中国纺织业也促进了各国相关产业的发展？

（四）理解与归纳。

1. 给第一段拟一个合适的标题。

＿＿＿＿＿＿＿＿＿＿＿＿＿＿＿＿＿＿＿＿＿＿＿＿＿＿＿＿＿

2. 概括最后一段的主要内容。

＿＿＿＿＿＿＿＿＿＿＿＿＿＿＿＿＿＿＿＿＿＿＿＿＿＿＿＿＿

（五）讨论：查找相关资料，谈谈你对下面问题的看法。

1. 在中国与中国纺织品输出国（地区）的纺织品贸易争端中，你怎么看中国外资企业的出口和中国纺织业的进口问题？

＿＿＿＿＿＿＿＿＿＿＿＿＿＿＿＿＿＿＿＿＿＿＿＿＿＿＿＿＿

2. 谈谈你对中国纺织业的建议。

＿＿＿＿＿＿＿＿＿＿＿＿＿＿＿＿＿＿＿＿＿＿＿＿＿＿＿＿＿

五、课外任务：完成下列练习与任务

1. **词语练习**：参考课文写出下列词语的搭配。

纺织_____　　　就业_____　　　比重_____

市场_____　　　影响_____　　　领域_____

研发_____

2. **小组任务**：介绍一下你的国家有代表性的产业。

拓展阅读

（一）

改革开放以来，中国的纺织品及服装出口快速增长，中国迅速成为世界第一大纺织品及服装出口国，这些纺织品及服装主要出口到美国。但是，中国的纺织品及服装出口之路并非一帆风顺，其间经历了几次较大的波动。

1994年，中国成为世界第一大纺织品及服装出口国。1997年，中国纺织品及服装出口规模达到1980年的14倍。但从1997年下半年开始，纺织品出口开始下滑，特别是对美国的出口。一个重要原因是，北美自由贸易区（NAFTA）建立后，带来了贸易转移效应，在纺织品成衣贸易方面，墨西哥的纺织品在美国的市场迅速扩张，而中国的纺织品出口仍然受到贸易配额的限制。

2005年，全球纺织品配额取消，释放了中国多年的出口潜力，中国出口美国的纺织品大幅增长，与此同时，美国从其他国家进口纺织品的总量下滑。但同时，中国从美国进口的纺织纤维总量激增，这是因为中美两国的纺织品贸易存在这样的分工：中国大量进口美国的棉花、化纤原料，加工成服装后，再出口到美国市场。这也说明，中美的纺织品贸易存在优势互补。

美国的纺织业在美国经济中的地位，并不如贸易摩擦表面显示的那样重要。在美国，国内生产纺织品及服装的比重逐年下降，纺织业是一个不断萎缩的产业，但它仍然是提供就业机会最多的产业之一，因此仍然具有重要的经济与社会意义。

美国的纺织服装业仍以中小企业为主，属于劳动密集型产业。由于劳动力成本远高于中国、印度等发展中国家，并且缺乏规模经济，除劳动力含量低、生产自动化程度高的产品具有优势外，其他产品的竞争力较弱。

美国的服装生产大量外包，纺织品及服装生产经营国际化程度很高。除少数企业在自己的服装厂内生产服装外，服装加工主要由国外承包商完成。为了保持产品的竞争力，美国服装企业往往将核心承包商放在成本较高的国家和地区（如美国国内、韩国、中国香港和欧洲等），生产价高量少的优质高端服装，而把大批量的服装生产放在成本较低的国家和地区（如中国内地等）。特别突出的是，耐克、锐步等大型企业主要进行品牌研发与营销，自己本身并没有服装加工厂，服装生产主要依靠外包。在美国，这些品牌进口的比例都达到了 20% 以上。因此，美国纺织业面临的进口冲击将会越来越大，中国纺织品对美出口也就十分敏感，很容易产生摩擦。

（选编自：王勇，《中美经贸关系》，中国市场出版社，2007 年。）

1. 解释词语。

（1）一帆风顺＿＿＿＿＿＿＿＿＿＿　　（2）摩擦＿＿＿＿＿＿＿＿＿＿＿＿＿＿＿

2. 回答问题。

（1）1997 年，中国纺织品出口出现下滑的重要原因是什么？

（2）2005 年，中国出口美国的纺织品大幅增长的原因是什么？

（3）为什么说中美的纺织品贸易存在优势互补？

（4）为什么说美国的纺织业仍然具有重要的经济与社会意义？

（5）美国纺织业中很多产品的竞争力较弱的原因是什么？

（6）美国的服装外包，在不同的国家和地区有着怎样的分工？

（7）为什么美国还要大量进口耐克、锐步这些品牌的产品？

3. 理解与归纳。

（1）给第一至三段拟一个合适的标题。

（2）给第四至六段拟一个合适的标题。

（3）根据短文，"贸易转移"指的是什么？

4. 查一查。

（1）查找资料，了解一下什么是"贸易配额、外包"。

（2）查词典，看看"释放、互补、承包"是什么意思。

（二）中国纺织业的现状

目前，中国纺织业的产量已超过世界总产量的一半，纺织纤维加工量、出口额的国际市场占有率超过世界的三分之一。中国已拥有世界最大规模的纺织业。

不少中国服装品牌也已走进国际中高端市场。如江南布衣已在日本、法国、俄罗斯等 10 多个国家和地区开设店铺，波司登已在 8 个国家的中高端品牌集合店中进行销售。

尽管如此，中国纺织行业仍面临诸多挑战。受国内劳动力成本上升、结算货币汇率波动等因素影响，近年来，中国纺织品出口有所减少。与此同时，国内中高端的消费需求却得不到满足。数据显示，近些年中国居民境外消费中，购物消费占50%左右，购买的物品中有一部分是服装、鞋类等纺织品。

跟国外的产品相比国内产品品质存在差距、国外部分消费品价格较低、国外产品执行标准高以及良好的消费环境等是国人境外购物的主要原因。

目前中国纺织业在品牌、设计等方面，在高新性能产品的研发上，与国外先进水平还有一定的差距，但是这些差距不是很大。未来中国纺织行业将致力于科技投入、高性能科研项目建设、国际化品牌培育等方面，中国将努力由纺织业大国向纺织业强国转变。

（选编自：许晟，《谋求纺织强国之变——中国纺织业要实现转型升级需要增品种、提品质、创品牌》，2016-03-03。网址为 http://www.cqn.com.cn/zgzlb/content/2016-03/03/content_2655726.htm。）

1. 回答问题。

（1）为什么说中国已拥有世界最大规模的纺织业？

（2）为什么中国人会在境外购买纺织品？

（3）中国纺织业在哪些方面与国外先进水平有差距？

2. 查一查：查找资料，进一步了解"江南布衣、波司登"这两个中国服装品牌。

（三）国外纺织业的发展经验

中国纺织业在品牌营销上比不过欧美，在人力资源上稍逊于越南、老挝和印度，居于不上不下的尴尬位置。中国纺织业要成功转型，就得跳出国门，向走过这条路的企业取经。

1. 美国

在中国，耐克和肯德基一样家喻户晓。美国的纺织业是从品牌端成功找到支点的，通过品牌，消费者可以获得独特的体验。理性体验以产品为基础，感性体验以情感为基础。同样一件衣服，贴上耐克的商标，价值立刻攀升，这就是美国服装品牌的竞争力。

2. 西班牙

西班牙有世界排名第一的服装集团 INDITEX，它之所以世界第一，是因为有 ZARA。ZARA 耗资几十亿欧元，实现了"快速、少量、多款"的快速时尚市场战略，引导着个性化服装潮流，形成了自己强大的核心竞争力。

（选编自：邓军、李超群，《我国纺织品服装加工贸易现状及转型升级研究》，《纺织导报》，2015 年第 12 期。）

1.解释词语。

（1）取经_____　　（2）家喻户晓_____

2.回答问题。

（1）为什么说中国纺织业居于不上不下的尴尬位置？

（2）品牌的价值体现在哪里？

（3）ZARA的市场战略是什么？

（4）总结一下美国和西班牙的纺织品、服装分别是怎样形成自己的竞争力的。

3.查一查：查词典，看看"支点"是什么意思。

附　录

一、概念与术语

产值（output value）：生产产品的总值，是工业企业在一定时期内生产的工业最终产品或提供工业性劳务活动的总价值量。

劳动密集型产业（labor-intensive industry）：为生产一定产量所必须投入的生产要素中，劳动投入的比例高于其他生产要素比例的产业。也就是进行生产主要依靠大量使用劳动力，而对技术和设备的依赖程度低的产业，如农业、林业，以及纺织、服装、玩具、皮革、家具等制造业。这些产业占用资金少，设备的技术程度低，容纳的劳动力较多。随着社会生产力的发展和科学技术在生产中的广泛应用，劳动密集型产业将逐步向资本密集型产业或知识密集型产业转化，或者在新的物质技术上形成新的劳动密集型产业。

技术密集型产业（technology-intensive industry）：又称知识密集型产业，指在生产过程中，对技术和智力要素的依赖大大超过对其他生产要素的依赖的产业，即需用先进而又尖端的科学技术才能进行工作的生产部门和服务部门。电子计算机工业、飞机和航天工业、原子能工业、大规模和超大规模集成电路工业、精密机床、数控机床、高级组装工业、高级医疗器械等高级工业均属该产业。

资本密集型产业（capital-intensive industry）：又称资金密集型产业，是指需要较多资本投入的行业、部门。资本密集型产业主要分布在基础工业和重加工工业，如钢铁业、一般电子与通信设备制造业、运输设备制造业、石油化工、重型机械工业、电力工业等。

下岗（to be laid off）：具体指中国在新时期出现的，因为企业倒闭等原因而使部分职工失去职位或工作岗位的现象。

再就业（re-employment）：再次有职业或工作可做。下岗职工又重新找到合适的工作就叫再就业。中国政府出台了很多优惠政策，帮助下岗职工重新就业。

　　直接投资（direct investment）：投资者直接开厂设店从事经营，或者投资购买企业相当数量的股份，从而对该企业具有经营上的控制权的投资方式。

　　产业链（industry chain）：各个产业部门之间基于一定的技术经济关联，并依据特定的逻辑关系和时空布局关系客观形成的链条式关联关系形态。

　　附加值（added value）：附加价值的简称，是在产品原有价值的基础上，通过生产过程中的有效劳动新创造的价值，即附加在产品原有价值上的新价值。附加值是产品加工过程中通过工艺、技术、服务乃至品牌等手段使产品得到的较大的增值，而不是单纯的要素投入形成的物化价值。高附加值产品的技术含量、文化价值等比一般产品要高出许多，因而市场升值幅度大，获利高。

　　市场容量（market volume）：在不考虑产品价格或供应商策略的前提下，市场在一定时期内能够吸纳某种产品或劳务的数目。

　　媒体（media）：传播信息的媒介，即人们用来传递信息与获取信息的工具、渠道、载体、中介物或技术手段。传统的四大媒体分别为：电视、广播、报纸、杂志。随着科学技术的发展，又逐渐衍生出新的媒体，如互联网等。

二、背景与知识链接

（一）纺织业的污染与能耗

　　纺织品的原料主要有棉花、麻、羊绒、羊毛、蚕茧丝、羽毛羽绒、化学纤维等。纺织业的下游产业主要有服装业、家用纺织品、产业用纺织品等，纺织业细分下来包括棉纺织、化纤、麻纺织、毛纺织、丝绸、纺织品针织、印染等。

　　纺织业同时也是一个高污染行业，2007年纺织业在中国被列为重点污染行业。据统计，印染行业污水排放总量居全国制造业排放量的第5位，且污染重、处理难度高，废水的回用率低。化纤行业在生产过程中，有些产品大量使用酸和碱，最终产生硫黄（sulfur）、硫酸（sulfuric acid）、硫酸盐（sulfate）等有害物质，会对环境造成严重污染，有些则是所用溶剂、介质对环境污染较为严重。化纤生产污染环境的另一种表现是化纤产品本身的不可降解性（nondegradable），特别是合成纤维，其废弃物回收成本高，燃烧后污染空气，废弃后不易降解，容易造成土壤环境恶化。另外，毛、麻、丝行业的前处理过程也是行业污水排放的重点。在能源消耗方面，纺织机械、化纤机械的电力消耗十分突出，目前，中国化纤行业总耗能比国外先进水平高10%～30%。

（二）中国纺织业存在的问题

　　1. 技术装备落后，新产品开发不足。据统计，中国纺织品三大行业（纺织业、服装业、化学纤维制造业）产值占比分别约为61%、28%、11%。除化学纤维生产技术和服装骨干企业的设备接近国际先进水平外，其他传统工艺与世界先进水平仍有较大差距。

　　2. 标准低。中国的纺织企业还处于低端生产阶段，大约有80%的企业生产中低档产品，6%的企业生产中高档产品，4%的企业生产质量低、价格低的产品，仅有10%的企业生产高质量产品。

3. 高素质人力资源缺乏。行业缺乏善于品牌运作、资本运作、国际交往的人才，缺乏拥有国际化经营经验和适应国际竞争的复合型人才。

4. 企业信息化程度不高。行业信息化普及率低，电子商务起步慢，多数企业管理方式落后，难以真正建立起"小批量、多品种、高质量、快交货"的市场快速反应机制。

5. 缺乏品牌经营理念。传统家纺多，规模小，产品单一，加工贸易比重仍然很大，应对国际竞争的手段不足。

（三）中国纺织业的发展和出口

纺织工业是中国经济的传统支柱产业，在新中国成立初期的20世纪50年代，中国纺织工业总产值占全国工业总产值的比重超过20%。在中国的工业化进程中，这一比重逐步下降，改革开放后的20世纪80年代，这一比重是15%～20%，90年代为10%～15%，2000年以后这一比重进一步下降，已经低于10%。

改革开放前，中国基本处于短缺经济状态，纺织品一直是限量供应。改革开放使中国纺织工业的生产力得到解放和发展。至1983年，中国纺织品市场已连年处于供过于求的局面，中国从1983年12月开始取消布票，纺织品实行敞开供应。随着市场经济的逐步发展，中国纺织工业率先成为市场化程度最高的产业，纺织工业规模迅速扩大。

进入21世纪后，在内外需两旺的拉动下，中国纺织工业以更快的速度发展。在21世纪的头10年，纺织工业销售产值以年均19%的高速增长。这主要得益于两个因素：其一是中国2001年加入世界贸易组织，这使得中国纺织业逐步摆脱出口配额的束缚，纺织服装出口迅猛增长；其二是随着经济的增长，城乡居民收入水平提高，纺织服装的消费也快速增长。因此，纺织工业投资迅速增长，固定资产投资增速年均超过30%，生产规模急剧扩大，纺织企业的就业人数也是20世纪80年代的2倍多。

纺织服装曾是中国商品出口的最大类别，在20世纪90年代中期，纺织服装占全部出口的1/4。随着中国机电产品出口的崛起，纺织服装出口逐渐退居次位，但纺织服装净出口仍是中国外贸顺差的主要来源。

2000年以前，中国纺织业出口依存度总体呈上升趋势。20世纪80年代，出口依存度在8%～27%之间，20世纪90年代在20%～32%之间，2000年达到最高值33.2%。中国纺织工业出口依存度从21世纪初开始略微下降，2004年以后快速下降，到2010年，出口依存度已接近1990年的水平。

（四）世界贸易组织（WTO）

世界贸易组织（World Trade Organization，WTO），简称世贸组织，是1995年1月1日在关税与贸易总协定（General Agreement on Tariffs and Trade，GATT）的基础上成立

的世界性贸易组织，负责管理世界经济和贸易秩序，总部设在瑞士日内瓦莱蒙湖畔。

世界贸易组织是一个独立于联合国之外的永久性国际组织，具有法人地位，在调解成员争端方面具有更高的权威性，是当代最重要的国际经济组织之一，贸易总额达到全球的 98%。世界贸易组织与国际货币基金组织（International Monetary Fund）、世界银行（World Bank）一起，被称为世界经济发展的三大支柱，有"经济联合国"之称。

1999 年 11 月 15 日，中国和美国签署关于中国加入世界贸易组织的双边协议。2001 年 11 月 11 日，中国正式加入世界贸易组织，成为其第 143 个成员国。

跨国公司在中国的投资
——以汽车产业为例

主题和要点

改革开放以来，中国经济发展突飞猛进，庞大的消费群体、相对廉价的劳动力、政府的招商引资政策等吸引了众多跨国公司在中国投资。现在，跨国公司的产品已深入中国人日常生活的各个角落，从工业制造到商业零售，从衣、食、住、行到文化娱乐，一个普通的中国百姓随口就能说出几个跨国公司的产品品牌。当然，三十多年来，中国的市场经济不断发展，投资环境也在不断改善，跨国公司在中国的投资也出现了新的变化。这篇课文就是以汽车产业为例，介绍20世纪90年代以来跨国公司在中国投资的发展和变化的。

阅读本文时重点关注：

1. 跨国公司在中国投资的目的、领域；
2. 跨国公司在中国投资出现的变化及原因；
3. 中国市场对跨国汽车产业的重要性；
4. 跨国汽车公司在中国生产经营出现的变化。

课 文

一、热身：阅读前熟悉下列词语

1	跨国公司	kuàguó-gōngsī		multinational corporation
2	转移	zhuǎnyí	v.	改换位置，从一方移到另一方 to transfer, to shift	人们在向安全的地方转移。 改革开放以来，一些跨国公司把工厂转移到了中国。 中国大量的农村劳动力在向城市转移。

3	透明	tòumíng	*adj.*	（物体）能透过光线的；形容公开，不隐藏 transparent	这种药品不能被光线照射，请不要使用透明的包装。 这次的招标是公开透明的。
4	涌入	yǒngrù		大量进入 to surge into, to pour in	地震使得大量海水涌入工厂。 来自四面八方的人们纷纷涌入会场，观看这次重要的比赛。
5	巩固	gǒnggù	*v.*	使坚固 to consolidate	复习是为了巩固我们学过的生词。 我们要巩固刚刚开发的海外市场。
6	零部件	língbùjiàn	*n.*	components and parts	
7	上游产业 / 下游产业	shàngyóu chǎnyè/ xiàyóu chǎnyè		upstream/downstream industry	
8	物流	wùliú	*n.*	logistics	DHL 是全球著名的邮递和物流公司。
9	主体	zhǔtǐ	*n.*	事物的主要部分 main part, mainstay	留学生是我们学院学生的主体。 在中国，外国企业虽然很多，但中国企业仍是主体。
10	来源	láiyuán	*n.*	事物所从来的地方，事物的根源 source	母亲失业了，父亲的收入成为家里唯一的经济来源。 售后服务是 4S 店的主要盈利来源。据说，如果售后服务做得好，一台车产生的利润可以达到车价的一半以上。
11	重心	zhòngxīn	*n.*	事情的中心或主要部分 core, focus	开拓海外市场是我们今年工作的重心。
12	追加	zhuījiā	*v.*	在原定的数额以外再增加 to add to (the original amount)	很多跨国公司进入中国后，获得了丰厚的利润，因此他们不断追加在中国的投资。 由于物价上涨，成本增加，我们要求追加今年的广告费用。
13	保密	bǎomì	*v.*	保守秘密 to keep secret	我们公司对自己研发的技术严格保密。

14	通用	tōngyòng	v.	（在一定范围内）普遍使用 to be in common use	这款电池在不同的手机之间是可以通用的。
15	导航	dǎoháng	v.	利用航行标志、雷达、无线电装置等引导行驶或航行 to navigate	
16	发动机	fādòngjī	n.	engine, motor	
17	安全气囊	ānquán qìnáng		safety airbag	
18	组装	zǔzhuāng	v.	把零件组合成部件，把零件、部件组合成器械或装置 to assemble	这些家具我们得买回去以后自己组装。 以前中国的汽车生产，主要是进口零部件，在中国组装。
19	整合	zhěnghé	v.	通过整理、协调重新组合 to integrate	这些小企业因为规模小、技术水平不高，不仅生产成本高，也浪费资源。因此，政府提出要对它们进行整合，提高行业效率。

二、问题浏览：阅读前快速浏览下列问题

（一）信息查找。

1. 20 世纪 90 年代，大多数跨国公司将中国作为其＿＿＿＿＿。

2. 中国入世以后，更多的跨国公司不再仅仅将中国作为生产基地，而且也作为主要的＿＿＿＿＿。

3. ＿＿＿＿＿、＿＿＿＿＿、＿＿＿＿＿是跨国公司在中国投资的典型行业。

4. 中国汽车市场是世界汽车市场增长最快的部分，＿＿＿＿＿是中国汽车市场的主体。

5. 过去十年，＿＿＿＿＿的跨国汽车企业都获得了不菲的利润。

6. 各汽车巨头还纷纷整合＿＿＿＿＿，建立更加完善高效的销售网络，以提高销售效率。

（二）回答问题。

1. 跨国公司在中国的投资多集中在哪个领域？

2. 中国入世以后，跨国公司在中国的投资发生变化的原因是什么？

3. 课文提到的上游产业、下游产业分别是什么？

4.中国市场对跨国汽车公司有什么意义？

5.跨国公司在中国的汽车生产出现了什么变化？

三、快速阅读：快速阅读课文，回答上面的问题

 ### 跨国公司在中国的投资——以汽车产业为例

（字数：829　时间：5～7分钟）

20世纪90年代，跨国公司在中国的投资多集中在制造业。当时，大多数跨国公司将中国作为其生产加工基地，将生产环节转移到中国来，是为了利用中国低廉的劳动力成本。

中国入世[1]以后，政府的政策更加开放透明，同时更多跨国公司的涌入也使竞争升级，因此，跨国公司在中国的投资也发生了变化：这一阶段，跨国公司在中国的投资虽然仍以制造业为主，但投资的广度和深度发生了变化，从消费品制造业、轻型制造业向资本品制造业、重型制造业转移。同时，跨国公司一面继续巩固其在生产制造行业的投资，一面开始向研发、核心零部件、基础原材料等上游产业，以及零售、物流等下游产业拓展。此时，更多的跨国公司不再仅仅将中国作为生产基地，而且也作为主要的销售市场。其中，汽车、家电、零售行业是跨国公司在中国投资的典型行业。

中国汽车市场是世界汽车市场增长最快的部分，跨国公司是中国汽车市场的主体。同时，中国市场也是跨国汽车公司的重要市场和盈利来源，是跨国公司在全球的重要战略领域。过去十年，重心放在中国市场的跨国汽车企业都获得了不菲的利润。有报道说，较早进入中国的德国大众，曾经有一半以上的盈利源于中国。目前，中国市场仍是大众业绩最为出色的地区。因此各大跨国汽车企业都不断在中国追加投资，将中国作为向亚太地区扩张的核心基地。

由于中国汽车市场的竞争日益加剧，跨国公司纷纷引入更有竞争力的车型，并与其他国家的子公司在全球同步推出。但是，对于核心技术，跨国公司仍然严格保密，以保持其对技术的垄断。调查显示，中国汽车合资企业与日本企业相比，在汽车通用技术领域（如车门装饰）的差距约为3～4年，在高级技术领域（如ABS塑料、导航系统）的差距约为8年，在超高级技术领域（如发动机元件、安全气囊）的差距约为10年。

以前跨国公司的汽车生产以进口关键零部件在中国组装为主，现在，整个汽车产业链开始向中国转移。一些知名汽车零件公司纷纷进入中国，并建立了生产基地。各汽车巨头还纷纷整合汽车销售渠道，建立更加完善高效的销售网络，以提高销售效率。

（选编自：赵景华，《跨国公司在华子公司战略比较研究》，经济管理出版社，2006年。）

1　入世即加入世界贸易组织。

四、仔 细 阅 读： 仔细阅读课文，完成下列练习

（一）根据课文内容判断正误。

1. 中国入世以后，跨国公司在中国的投资不再以制造业为主。（　　）

2. 中国入世以后，跨国公司也开始向生产制造行业的上游和下游投资。（　　）

3. 各大跨国汽车公司在中国的投资不断增加。（　　）

4. 由于中国汽车市场的竞争日益加剧，各大跨国公司纷纷引入更有竞争力的车型和最先进的技术。（　　）

5. 现在，很多汽车零部件也开始在中国生产了。（　　）

（二）结合课文解释词语。

1. 出色＿＿＿＿＿＿＿＿＿＿＿＿　　2. 同步＿＿＿＿＿＿＿＿＿＿＿＿

（三）根据课文内容回答下列问题。

1. 中国入世以后，跨国公司在中国制造业的投资发生了哪些变化？

2. 各大跨国汽车企业为什么不断在中国追加投资？

3. 跨国汽车企业为什么对核心技术严格保密？

4. 为什么说整个汽车产业链开始向中国转移？

（四）理解与归纳。

1. 第一段的主题是什么？

＿＿＿＿＿＿＿＿＿＿＿＿＿＿＿＿＿＿＿＿＿＿＿＿＿＿＿＿＿＿＿＿＿＿＿＿

2. 第三段的主题是什么？

＿＿＿＿＿＿＿＿＿＿＿＿＿＿＿＿＿＿＿＿＿＿＿＿＿＿＿＿＿＿＿＿＿＿＿＿

（五）讨论： 查找相关资料，谈谈你对下面问题的看法。

1. 你知道的跨国公司有哪些？选择其中的一个简单介绍一下。

＿＿＿＿＿＿＿＿＿＿＿＿＿＿＿＿＿＿＿＿＿＿＿＿＿＿＿＿＿＿＿＿＿＿＿＿

2. 介绍一下跨国公司在你的国家的投资情况。

＿＿＿＿＿＿＿＿＿＿＿＿＿＿＿＿＿＿＿＿＿＿＿＿＿＿＿＿＿＿＿＿＿＿＿＿

3. 比较一下跨国公司在中国投资的特点与在你的国家投资的异同。

＿＿＿＿＿＿＿＿＿＿＿＿＿＿＿＿＿＿＿＿＿＿＿＿＿＿＿＿＿＿＿＿＿＿＿＿

五、课外任务：完成下列练习与任务

1. **词语练习**：参考课文写出下列词语的搭配。

基地＿＿＿＿＿＿＿＿　　环节＿＿＿＿＿＿＿＿　　升级＿＿＿＿＿＿＿＿

产业＿＿＿＿＿＿＿＿　　追加＿＿＿＿＿＿＿＿　　加剧＿＿＿＿＿＿＿＿

核心＿＿＿＿＿＿＿＿　　链＿＿＿＿＿＿＿＿＿　　整合＿＿＿＿＿＿＿＿

销售＿＿＿＿＿＿＿＿

2. **小组任务**：查找相关资料，完成下面的小组报告（任选其一）。

（1）选择中国经济的某一个领域，介绍该领域内跨国公司的投资状况。

（2）介绍一个跨国公司在中国的发展状况。

拓展阅读

（一）跨国公司在中国家电和零售行业的投资

　　家电行业是中国对外开放较早的行业之一，一直吸引着跨国公司的投资。目前，全球家电领域的知名跨国公司，几乎都已经在中国设立了子公司。

　　由于中国家电市场的竞争水平较高，低端领域的利润已经极其微薄，因此，跨国公司开始在具有高附加值、高技术含量的高端领域加大投资力度。

　　近年来，很多以合资方式进入中国的跨国公司纷纷增资，以实现对公司的绝对控股[1]，或者完全独资化经营。比如上海的惠而浦（Whirlpool）、广州的三菱电机（Mitsubishi Electric）就是通过增资，买断[2]了中方合资者的股份，成为独资公司的。

　　由于中国家电市场开放较早，中国本土家电企业的成长速度很快，并且具有很强的国际竞争力。跨国家电企业在中国竞争时，更偏爱与中国企业进行联盟与合作，通过合作，跨国家电企业与中国企业共享零部件供应、销售渠道等资源，以达到双赢。

　　1992年，第一家中外合资零售企业在中国建立。目前，全球最大的50家零售企业，已有40多家进入了中国市场。

　　中国入世以来，跨国零售企业都加快了在中国的扩张速度，不断追加投资、新设分

1　控股即掌握一定数量的股份，以控制公司的业务。绝对控股是指股东出资额占有限责任公司资本总额的50%以上，或者其持有的股份占股份有限公司股本总额的50%以上。

2　买断即一次性购买完或签下长久合同。

店。早期进入中国的跨国零售企业采取的基本都是合资的方式，入世以后，中国对外资零售企业的政策逐步放开，越来越多的零售企业采取独资的方式进入中国，兼并、收购中国本土零售企业的方式也受到了更多的青睐。

跨国零售企业为了降低成本、加速发展，纷纷在采购、物流、人力资源、营销等环节加强本土化水平。譬如：在沃尔玛销售的产品中，本地产品已达到了95%以上；在沃尔玛的约10万名员工中，中方人员的比例更是超过了90%。

（选编自：赵景华，《跨国公司在华子公司战略比较研究》，经济管理出版社，2006年。）

1. 解释词语。

（1）增资＿＿＿＿＿＿＿＿＿＿＿＿＿＿＿　　（2）偏爱＿＿＿＿＿＿＿＿＿＿＿＿＿＿＿

2. 回答问题。

（1）为什么跨国公司开始在高端家电领域加大投资力度？

（2）近年来，进入中国的跨国公司的投资出现了什么变化？

（3）跨国家电企业为什么更偏爱与中国企业进行联盟与合作？这种合作有什么好处？

（4）跨国零售企业在中国的投资出现了哪些变化？

（5）跨国零售企业通过什么方式来降低成本、加速发展？

3. 查一查： 查找资料，看看"兼并"是什么意思。

 （二）国际分工的高端与低端

在国际经济合作的价值链条中，存在着高端、中端与低端的分别，不同环节存在着收益率的差异。比如：资本、技术、金融服务业等属于高端环节，收益率高，增值率高；而贴牌加工、劳动密集型的制造业等属于低端环节，收益率较低，增值率较低。美国显然占据了高端的地位，处于国际分工中的领先地位以及全球经济的中心地位。处于中端、低端的中国等发展中国家则决心向高端环节进军，通过各种努力，使本国的产业逐步升级，从而摆脱仅仅加工鞋袜成衣、组装电子产品的国际分工地位，进军到全球经济的中心、半中心地位。因此，中美未来的贸易摩擦与冲突，将更多地集中在技术、品牌、金融、产业政策等领域。

（选编自：王勇，《中美经贸关系》，中国市场出版社，2007年。）

1. 填空。

（1）在国际经济合作的价值链条中，＿＿＿＿＿、＿＿＿＿＿、＿＿＿＿＿等属于高端环节，＿＿＿＿＿、＿＿＿＿＿等属于低端环节。

（2）美国占据了＿＿＿＿＿地位，中国等发展中国家处于＿＿＿＿＿、＿＿＿＿＿。

2. 回答问题。

（1）处于高端环节的产业有哪些优势？处于低端环节的产业有哪些不足？

（2）为什么说中美未来的贸易摩擦与冲突，将更多地集中在技术、品牌、金融、产业政策等领域？

（三）

很多大型跨国公司也很重视以人为本的企业文化建设。建立企业与员工之间的伙伴关系，会极大地激发员工的积极性和创造性，员工会为削减成本出谋划策，设计别出心裁的货品陈列方式，发明灵活多样的促销方式。这些都会极大地提升企业的活力和竞争力。

（选编自：《沃尔玛在华十年成败启示录》，2009-04-15。网址为 https://bj.leju.com/biz/news/2009-04-15/17262831.html。）

1. 解释词语。

（1）削减_____　　（2）出谋划策_____

2. 回答问题："以人为本的企业文化"指的是什么？为什么它会极大地提升企业的活力和竞争力？

3. 理解与归纳：给这段短文拟一个合适的标题。

附　录

一、概念与术语

跨国公司（multinational corporation）：以本国为基地，通过对外直接投资，在世界各地设立分支机构或子公司，从事国际化生产和经营活动的国际性大型企业。跨国公司应具备以下三要素：第一，跨国公司是指一个工商企业，组成这个企业的实体在两个或两个以上的国家经营业务；第二，这种企业有一个中央决策体系，因而具有共同的政策，其政策反映企业的全球战略目标；第三，这种企业的各个实体分享资源、信息，分担责任。

消费品（consumer goods）：用来满足人们物质和文化生活需要的那部分社会产品。简单地说，消费品就是直接作为最终使用品的商品，不再通过其生产别的产品。

资本品（capital goods）：一般是指协助生产其他商品或服务的物品，也就是用于生产别的产品，不作为最终消费目的的商品，如企业用于生产的机器设备等。

物流（logistics）：利用现代信息技术和设备，以最低的成本，通过运输、保管、配送等方式，实现原材料、半成品、成品或相关信息，由商品的产地到商品的消费地的计划、实施和管理的全过程，包括运输、搬运、储存、保管、包装、装卸、流通加工和物流信息处理等基本功能。简而言之，物流是一个从供应开始，经过各种中间环节最终到达消费者手中的实物运动。

上游/下游产业（upstream/downstream industry）：上游与下游是现代化生产产业链中的相对概念，比起传统的农业、重工业、轻工业的划分，具有更细致更广泛的应用价值。上游产业是指处在整个产业链的开始端，提供原材料和零部件制造、生产的行业。下游产业是指处在整个产业链的末端，加工原材料和零部件，制造成品和从事生产、服务的行业。实际上，经济全球化的发展趋势使产业与整个社会经济发展的关联度不断提高，产业与相关产业之间的联系更加紧密。除了某些终端消费品生产之外，很多产业从一个角度看是上游产业，从另一个角度看则是下游产业。

二、背景与知识链接

（一）大众汽车公司

大众汽车公司是德国最年轻的，同时也是最大的汽车生产厂家，是世界四大汽车生产商之一，总部位于德国沃尔夫斯堡。1984年，大众汽车进入中国市场。大众汽车公司是第一批在中国开展业务的国际汽车制造商之一，自进入中国市场以来，就一直在中国轿车市场中保持着领先地位。

（二）上游产业的优势与局限

有一种理论认为，上游产业的利润相对丰厚，竞争比较缓和，原因是上游产业往往掌握着某种资源，比如矿产、核心技术等，有较高的进入壁垒。但是，并不是所有产业链都是如此，上游产业也会出现供给过多、竞争加剧的情况，而且比较受制于下游需求的变化，无法主动去开拓新的需求或市场，通常都有明显的周期性。比如整个电子产业链的上游——半导体芯片行业就存在很高的技术和资金壁垒，全球只有少数几家厂商参与竞争，但是受下游需求的冷暖和自身产能扩张的驱动，业绩经常出现大幅波动的情况。

（三）跨国公司的产生与发展

跨国公司的出现与资本输出密切相关。19世纪末20世纪初，国际资本输出迅速发展，跨国公司开始出现。当时，发达国家的某些大型企业通过对外直接投资，在海外设立分支机构和子公司，开始跨国性经营，如美国的胜家缝纫机公司、威斯汀豪斯电气公司、通用电气公司和英国的帝国化学工业公司等，这些公司是现代跨国公司的先驱。

在两次世界大战期间，跨国公司在数量上和规模上都有所发展。第二次世界大战后，跨国公司得到迅速发展。美国跨国公司的数目、规模、国外生产和销售额均居世界之首，在跨国公司的发展中占有绝对重要的地位。而日本作为后起之秀，发展速度也很快，不可小视。

跨国公司的发展对战后发达国家的对外贸易起到了极大的推动作用，这些作用表现在：使发达国家的产品能够通过对外直接投资的方式，在东道国生产并销售，从而绕过了贸易壁垒，提高了其产品的竞争力；减少了发达国家对发展中国家原材料的依赖；能够更容易地获得东道国的商业情报信息，利用东道国的对外贸易渠道。

（四）现代物流业

现代物流业是经济全球化的产物，也是推动经济全球化的重要服务业。近年来，世界现代物流业呈稳步增长态势，欧洲、美国、日本成为当前全球范围内的重要物流基地。

中国物流行业起步较晚，随着国民经济的飞速发展，物流业的市场需求持续扩大。进入 21 世纪以来，中国物流行业一直保持着较快的增长速度，物流体系不断完善，行业运行也日益成熟和规范。

第九课 国际石油价格对中国经济的影响

主题和要点

　　石油是"黑色的金子"，是现代经济的"血液"，是一种不可再生的资源。它是保障世界各国经济发展、政治稳定、军事安全的重要战略物资，不仅影响着世界经济，也影响着世界政局的发展。因此，石油价格的变化牵动着世界的神经。这篇课文介绍的就是石油价格的变化对中国经济的影响。

阅读本文时重点关注：

1. 中国对石油的需求状况；
2. 国际油价变动对中国经济的影响及其原因；
3. 国际油价变动在哪些方面影响着中国经济及其原因。

课　文

一、热身：阅读前熟悉下列词语

1	国内生产总值	guónèi shēngchǎn zǒngzhí		Gross Domestic Product (GDP)
2	净	jìng		纯 net	净重 / 净利 / 净出口
3	供给	gōngjǐ	v.	to supply	进入夏季，蔬菜的供给增加了，价格也开始下降。
4	依赖	yīlài	v.	依靠某种人或事物而不能自立或自给 to depend on, to rely on	小孩子不能过于依赖父母。 中国的石油消费大量依赖进口。

5	约束	yuēshù	v.	限制使不超出范围 to constrain, to restrict	小时候我们总是受到父母的约束。 经济增长受到资源不足的约束。
6	导致	dǎozhì	v.	引起 to cause, to lead to	大雪导致严重堵车。 油价上涨导致企业的成本上升。
7	通货膨胀	tōnghuò péngzhàng		inflation	
8	运行	yùnxíng	v.	周而复始地运转（多指星球、车船等） to run, to operate	经济运行； 京沪高铁全程运行时间最快约4.5小时。
9	削弱	xuēruò	v.	使变弱 to weaken	主力队员受伤削弱了球队的实力。
10	萎缩	wěisuō	v.	（身体、器官等）功能减退并缩小；（经济）衰退 to atrophy, (of economy) to decline	长期卧床可能会导致肌肉萎缩。 由于移动电话的冲击，固定电话的市场不断萎缩。
11	外需	wàixū	n.	overseas market demand	我们需要稳定和拓展外需，更要致力于扩大内需。
12	动力	dònglì	n.	使机械做功的各种作用力；比喻推动工作、事业等前进和发展的力量 motive power, driving force	风是帆船前进的动力。 理想是我们前进的动力。
13	化工	huàgōng	n.	化学工业的简称 chemical industry	
14	化纤	huàxiān	n.	化学纤维的简称 chemical fiber	
15	塑料	sùliào	n.	plastics	塑料制品
16	转嫁	zhuǎnjià	v.	把自己应承受的负担、损失、罪名等加在别人身上 to shift, to transfer (a burden, losses, blame, etc.) to sb. else	油价上涨后，航空公司提高了燃油附加费，把油价上涨的成本向消费者转嫁。 税收增加后，老板减少了工人的工资，把多交的税款转嫁给了工人。

| 17 | 亏损 | kuīsǔn | v. | 支出超过收入
to have a deficit | 公司经营不善，连年亏损。 |

二、问题浏览：阅读前快速浏览下列问题

（一）信息查找。

1. 中国的国内生产总值每增长 1%，对能源的需求就增加_____；国际石油价格每上涨 1%，中国的国内生产总值就会下降约_____。

2. 2013 年，中国成为世界_____石油进口国。

3. 由于中国石油消费的_____越来越高，因此国际油价的变动会对中国经济产生重要影响。

4. 随着国际石油价格的上涨，_____、_____、_____等推动经济发展的因素都会出现下降趋势，减缓中国经济的增长速度。

5. _____是拉动中国经济增长的一个重要动力。

6. 国际油价上涨，对_____、_____、_____等企业的产品成本影响很大，而且会使这类企业_____减少，甚至出现_____。

（二）回答问题。

1. 随着经济的持续增长，中国对石油的需求有什么变化？

2. 中国的石油生产状况如何？

3. 国际油价上涨会对中国经济产生哪些影响？

三、快速阅读：快速阅读课文，回答上面的问题

国际石油价格对中国经济的影响

（字数：761　时间：4～6 分钟）

　　随着经济的持续增长，中国对能源的需求也在不断增加。统计资料表明，中国的国内生产总值每增长 1%，对能源的需求就增加 0.7%～0.8%。1993 年后，中国成为石油净进口国。2004 年，中国的石油净进口超过了日本，成为世界第二大石油消费国。此后，中国的石油需求一直保持着较高的增长速度。2013 年，中国又超过了美国，成为世界第一大石油进口国。

　　与石油需求的快速增长相比，中国石油生产的增长比较缓慢，石油生产已远远不能满足消费的需求，石油供给与需求的失衡日益严重。因此，随着经济的发展，石油生产与消费的

缺口越来越大，中国不得不更多地依赖石油进口，石油资源对经济增长的约束日益加剧。

由于中国石油消费的对外依存度越来越高，因此国际油价的变动会对中国经济产生重要影响。随着国际石油价格的上涨，投资、消费、出口等推动经济发展的因素都会出现下降趋势，减缓中国经济的增长速度。研究表明，国际石油价格每上涨1%，中国的国内生产总值就会下降约0.1%。

国际油价的上涨，会导致以石油为能源或原材料的产品价格上升，造成通货膨胀的压力，最终影响人们的消费和储蓄行为，拖累经济增长。

国际油价上涨对中国的出口贸易也会产生负面影响。国际石油价格上涨，会增加中国进口石油的支出，使得很多产品的成本和其他经济运行成本上升，因而削弱中国出口产品的竞争力；国际油价上涨也会减缓国际经济增长速度，使得海外对中国商品的需求减少，导致中国的出口市场萎缩。外需是拉动中国经济增长的一个重要动力，出口企业的国际竞争力下降，整个经济的活力也会减弱。

化工、化纤、塑料制品等产品主要以石油为原料，国际油价上涨，对这类产品的成本影响很大。在激烈的市场竞争中，企业很难压低原料的进货价格，产品的价格也很难与成本同步上涨，那么上升的成本就很难向下游企业或消费者转嫁，更难以通过出口向国外转嫁。这必然会使这类企业利润减少，甚至出现亏损。

（选编自：袁卫、彭非，《中国人民大学中国发展报告2007》，中国人民大学出版社，2008年。）

四、仔细阅读：仔细阅读课文，完成下列练习

（一）根据课文内容判断正误。

    1. 中国石油消费和生产的增长都很迅速。（　　　　）

    2. 1993年，中国的石油进口超过了石油出口。（　　　　）

    3. 国际油价上涨会使中国出口产品的竞争力下降。（　　　　）

    4. 国际油价上涨会使国外对中国商品的需求增加。（　　　　）

    5. 国际油价上涨会使成本上升，因此国内企业产品的价格一定会上涨。（　　　　）

（二）结合课文解释词语。

    1. 失衡_____　　2. 缺口_____

    3. 拖累_____

（三）根据课文内容回答下列问题。

    1. 中国为什么需要大量进口石油？

    2. 国际油价上涨，为什么会造成通货膨胀压力？

3. 国际油价上涨，为什么会对中国的出口贸易产生负面影响？

4. 油价上涨为什么会使化工、化纤、塑料制品等企业利润减少，甚至出现亏损？

（四）理解与归纳。

1. 课文第一段的主题是什么？

_____

2. 总结一下国际油价上涨对中国经济的影响。

_____

（五）讨论：介绍一下你的国家石油生产或消费的状况，并谈谈与中国的异同。

_____

五、课外任务： 完成下列练习与任务

1. 词语练习：参考课文写出下列词语的搭配。

供给_____　　缺口_____　　拖累_____

影响_____　　削弱_____　　萎缩_____

制品_____

2. 小组任务：查找相关资料，选取一个角度（如世界经济的某个方面、某个国家、某个行业、某个企业或普通人的生活等），介绍国际油价上涨或下跌的影响。

拓展阅读

 （一）未来十年的全球性风险

　　未来十年，最有可能发生的全球性风险概率从高到低分别为：贫富收入差距扩大、财政危机、高失业率、气候变化以及网络攻击。

　　日渐扩大的贫富差距将威胁到社会、政治乃至经济发展的稳定。2008 年全球经济危机使得发达国家中产阶级实际财富缩水，这导致人们对贫富差距加剧的担忧不断升温。与此同时，全球化进程也给新兴经济体和发展中国家带来了收入两极化的问题。

　　关于公共财政危机，欧元区国家已经着手控制其财政赤字和公共债务水平，但是社会各界对关键经济体财政危机的担忧仍然挥之不去，特别是日本和美国公共债务水平的高企。

此外，世界经济还面临着一对孪生[1]挑战，那就是全球性的就业岗位缩减和教育成本的上升。在部分发达国家当中，青年失业率超过了50%，新兴经济体中也存在着严重的结构性失业问题，这都需要终身教育机制来解决。但目前高等教育成本却日益攀升，这导致有些高校学生辍学，或毕业生工作后仍面临较大的债务偿还压力。

（选编自：吴心韬，《世界经济论坛：贫富不均将成最大全球性风险》，2014-01-18。网址为 http://news.sina.com.cn/w/2014-01-18/011729276102.shtml。）

1. 判断正误。

（1）新兴经济体和发展中国家也面临着贫富差距扩大的问题。（　　　）

（2）美、日两国的公共债务水平也很高。（　　　）

（3）部分发达国家和新兴经济体都存在失业问题。（　　　）

2. 解释词语。

（1）缩水_____　（2）升温_____

3. 回答问题。

（1）日渐扩大的贫富差距产生的原因是什么？

（2）短文中提到的"孪生挑战"是什么？为什么说这是"孪生挑战"呢？

4. 查一查： 查找资料，了解"财政危机、新兴经济体、财政赤字、结构性失业"等概念。

 （二）世界能源消费展望

《BP世界能源展望（2017年版）》指出，2015年至2035年，全球能源需求预期增长30%左右，年均增长1.3%。这一增长速度明显低于全球GDP年均3.4%的预期增长速度，这反映出由于技术进步和对环境的关注，能源的利用效率得到了提升。到2035年，中国能源消费量将占世界能源消费总量的26%，占全球净增长量的35%。石油、天然气和煤炭仍将是拉动世界经济的主要能源来源，占2035年能源供应总量的75%以上。

由于中国转向使用更清洁低碳的燃料，预计到21世纪20年代中期，煤炭消耗量将达到峰值。未来20年，中国将是可再生能源增长的最大来源，其可再生能源增量将超过欧盟和美国之和。

从目前到2035年，所有石油需求增长均来自新兴市场，中国市场约占一半。交通部门继续消费世界上的大部分石油，2035年其全球需求份额仍接近60%。然而，21世纪30年代初，石油的非燃料用途，特别是用于生产石油化工产品，将成为石油需求增长的主要

---

1 孪生：英文为 twin。

来源。

　　煤炭需求所占份额将继续缩小，煤炭需求向天然气需求转移。到 2035 年，天然气的份额将超过煤炭，成为第二大燃料来源，其主要增长来自中国、中东地区和美国。在中国，天然气消耗量增长超过国内产量，因而到 2035 年，中国进口天然气的比重将上升至近 40%。在欧洲，天然气进口份额将上升至 80% 以上。

　　未来碳排放（carbon emission）量年均增长率为 0.6%，而过去 20 年的年均增长率为 2.1%，这反映出能源利用效率和燃料结构的不断变化。如果这一目标得以实现，那么这将是自 1965 年有记录以来最低的碳排放增长率。

　　（选编自：陈颐，《〈BP 世界能源展望（2017 年版）〉中文版北京发布》，2017-03-30。网址为 http://intl.ce.cn/specials/zxgjzh/201703/30/t20170330_21613436.shtml。）

1. 判断正误。

（1）预计到 21 世纪 20 年代中期，中国的煤炭消耗量将达到最高值。（　　　）

（2）未来，中国可再生能源的增长量将超过欧盟和美国之和。（　　　）

（3）未来，石油的非燃料用途将越来越重要。（　　　）

（4）到 2035 年，煤炭将成为第二大燃料来源。（　　　）

2. 回答问题。

（1）2015 年至 2035 年，全球能源需求的预期年均增长速度明显低于全球 GDP 的预期年均增长速度，原因是什么？

（2）到 2035 年，中国进口天然气的比重将上升至近 40%，原因是什么？

（3）未来碳排放量的年均增长率将比过去二十年大幅降低，原因是什么？

附　录

一、概念与术语

　　国内生产总值（Gross Domestic Product）：简称 GDP，是指在一定时期内（一个季度或一年），一个国家或地区的经济中所生产出的全部最终产品和劳务的价值，它被公认为衡量国家经济状况的最佳指标。

　　净进口（net import）："净出口"（net export）的对称。对于某种商品，一国常常是既有出口又有进口。在一定时期内，如果进口数大于出口数，则为净进口，净进口用进口数与出口数的差数来表示；如果出口数大于进口数，则为净出口，净出口用出口数与进口数的差数来表示。二者反映了一国某种商品在对外贸易中的作用、地位及其变化趋势。

净进口与净出口可以这样表示：

进口数 − 出口数 = 净进口（进口数 > 出口数）

出口数 − 进口数 = 净出口（出口数 > 进口数）

供给（supply）：经济学中的供给是指在某一特定时期内，在某一价格水平上，生产者愿意并且能够提供的商品或劳务的数量。

通货膨胀（inflation）：在经济学上，通货膨胀指因货币供给大于货币实际需求，即现实购买力大于产出供给，导致货币贬值，从而引起的一段时间内物价持续而普遍地上涨的现象。一般来说，通货膨胀指价格水平全面、持续、大幅度上升。

外需（overseas market demand）：即外部需求，与"内需"（国内需求）相对。一般把对外国的出口看作外需，包括国外消费需求和投资需求，扩大外需一方面能够减轻国内卖方市场的压力，另一方面还可以带动国内需求的增加（增加对生产出口产品所必需的原材料的需求）。同时，外需产品生产的增加还会带来国内工人收入的增加和国家税收收入的增加，这会带动国内最终消费需求的增加。还有，外贸出口的增加必然带来产品进口的增加，而设备、原材料等进口的增加，会起到优化国内产业结构、调整国内产品供给结构、促进新的消费需求形成等作用。

二、背景与知识链接

（一）中国能源的五个特点

第一，中国已成为世界重要的能源生产大国。中国一次能源生产总量居世界第一，其中，原煤、原油、天然气产量分别居世界第一、第五和第六。

第二，节约能源、提高能效有明显进步。中国在电力、钢铁、水泥、化工等高耗能产业加快了技术进步，淘汰了落后产能，推动了产业升级和节能减排。过去的几年，中国单位国内生产总值能源消耗不断下降。

第三，可再生能源和新能源发展迅速。中国已成为世界风电大国，太阳能发电增长也非常强劲。中国水电装机已超过2.5亿千瓦，居世界第一，核电在建规模也居世界第一。

第四，能源科技装备水平不断提高。在能源生产、加工的某些领域，中国的技术已达到国际先进水平，并实现了一些大型能源装备的自主设计制造。风电和太阳能光伏发电（photovoltaic power generation）也形成了完整的研发和制造产业链。

第五，能源普遍服务水平明显提高。中国人均一次能源消费量和人均用电量不断提高。在过去十余年间，政府通过加强农村地区电网改造等方式，提高了农村居民用电的可靠性，同时还解决了3500多万无电人口的用电问题。

（二）中国能源发展的问题

1.中国能源资源总量比较丰富，但人均能源资源拥有量较低。中国煤炭和水力资源人均拥有量相当于世界平均水平的 50%，石油、天然气资源人均拥有量仅为世界平均水平的 1/15 左右。同时，中国耕地资源不足世界人均水平的 30%，这也制约了生物质能源的开发。

2. 能源资源分布不均衡。中国能源资源分布广泛但不均衡，煤炭资源主要分布在华北、西北地区，水力资源主要分布在西南地区，石油、天然气资源主要分布在东、中、西部地区和海域，而中国主要的能源消费地区集中在东南沿海经济发达地区，能源分布地域与能源消费地域存在明显差别。大规模且长距离的北煤南运、北油南运、西气东输、西电东送，是中国能源流向的显著特征和能源运输的基本格局。

（三）影响供给的因素

1. 商品本身的价格。一般来说，一种商品的价格越高，生产者提供的产量就越大；相反，商品的价格越低，生产者提供的产量就越小。

2. 相关商品的价格。例如，咖啡的价格上涨了，而可可的价格不变，一些可可生产者可能会转向生产咖啡，那么可可的供给量就会减少。

3. 生产技术的变动。生产技术的变动会影响生产成本。在一般情况下，生产技术随着经济活动的发展不断提高。生产技术提高，在同一价格水平上会使供给量增加。

4. 生产要素的变动。生产要素价格变化会导致生产成本发生变化。生产要素价格上涨会使生产成本增加，在同一价格水平上，供应量减少；反之，生产要素价格下降会使生产成本减少，在同一价格水平上，供给量增加。

5. 政府的税收和扶持政策。这实际上也影响到生产成本的变化。政府如果增加税收，生产者的负担则加重，供给量便会减少，反之则会增加。

6. 厂商对未来的预期。如果行情看涨，厂商就会囤积大量商品，等待高价卖出，商品的供给量就会减少；反之则会大量抛售，使供给量增加。

7. 自然条件。如水果、蔬菜等季节性较强的产品，在生产旺季，其供给量自然会大于其他时间。

词语表

第一课

扩张	kuòzhāng
巨头	jùtóu
模式	móshì
收购	shōugòu
现成	xiànchéng
创立	chuànglì
破产	pòchǎn
乘机	chéngjī
积累	jīlěi
改造	gǎizào
被动	bèidòng
移植	yízhí
案例	ànlì
合资公司	hézī gōngsī
开拓	kāituò
领袖	lǐngxiù
转让	zhuǎnràng
损失	sǔnshī
本土化	běntǔhuà
照搬	zhàobān
策略	cèlüè

第二课

竞争力	jìngzhēnglì
力度	lìdù

预期	yùqī
分销	fēnxiāo
供应商	gōngyìngshāng
类似	lèisì
反馈	fǎnkuì
改进	gǎijìn
财产	cáichǎn
赔偿	péicháng
起诉	qǐsù
断货	duàn huò
投诉	tóusù

第三课

热点	rèdiǎn
突出	tūchū
社会消费品	shèhuì xiāofèipǐn
零售总额	língshòu zǒng'é
潜力	qiánlì
垄断	lǒngduàn
市场份额	shìchǎng fèn'é
零售业态	língshòu yètài
连锁经营	liánsuǒ jīngyíng
发达	fādá
网点	wǎngdiǎn
分流	fēnliú
精品	jīngpǐn

| 商圈 | shāngquān |
| 饱和 | bǎohé |

第四课

升级	shēngjí
生存	shēngcún
满足	mǎnzú
以……为主	yǐ…wéi zhǔ
普及	pǔjí
亮点	liàngdiǎn
奢侈品	shēchǐpǐn
波动	bōdòng
偏	piān
储蓄	chǔxù
在于	zàiyú
住宅	zhùzhái
差距	chājù
领先	lǐngxiān

第五课

延伸	yánshēn
创始人	chuàngshǐrén
货源	huòyuán
设备	shèbèi
贷款	dàikuǎn
制品	zhìpǐn
积累	jīlěi
引进	yǐnjìn
生产线	shēngchǎnxiàn
打击	dǎjī

达标	dábiāo
倒闭	dǎobì
系列	xìliè
高层	gāocéng
纺织业	fǎngzhīyè
基地	jīdì
主攻	zhǔgōng
集中	jízhōng
主打产品	zhǔdǎ chǎnpǐn

第六课

工程师	gōngchéngshī
收益	shōuyì
占领	zhànlǐng
多元化	duōyuánhuà
黑马	hēimǎ
累计	lěijì
知名度	zhīmíngdù
突破	tūpò
研发	yánfā

第七课

密集	mìjí
就业	jiùyè
纤维	xiānwéi
涉及	shèjí
依存	yīcún
产业链	chǎnyèliàn
分工	fēngōng
附加	fùjiā

机械	jīxiè
容量	róngliàng
媒体	méitǐ

第八课

跨国公司	kuàguó-gōngsī
转移	zhuǎnyí
透明	tòumíng
涌入	yǒngrù
巩固	gǒnggù
零部件	língbùjiàn
上游产业 / 下游产业	shàngyóu chǎnyè/ xiàyóu chǎnyè
物流	wùliú
主体	zhǔtǐ
来源	láiyuán
重心	zhòngxīn
追加	zhuījiā
保密	bǎomì
通用	tōngyòng
导航	dǎoháng
发动机	fādòngjī
安全气囊	ānquán qìnáng

组装	zǔzhuāng
整合	zhěnghé

第九课

国内生产总值	guónèi shēngchǎn zǒngzhí
净	jìng
供给	gōngjǐ
依赖	yīlài
约束	yuēshù
导致	dǎozhì
通货膨胀	tōnghuò péngzhàng
运行	yùnxíng
削弱	xuēruò
萎缩	wěisuō
外需	wàixū
动力	dònglì
化工	huàgōng
化纤	huàxiān
塑料	sùliào
转嫁	zhuǎnjià
亏损	kuīsǔn

版权声明

　　《中级经贸汉语阅读教程》是一本经贸汉语阅读教材。本册中的部分选文来源于报纸、杂志等出版物和网络媒体。由于时间、地域、联系渠道等多方面的限制，部分选文使用前未能与所有权利人一一取得联系，同时为适应教学需要，大部分作品我们都进行了较大的编辑、修改、调整。对此，我们深表歉意，并衷心希望得到权利人的理解和支持。另外，有些作品由于无法了解作者的信息而未署作者的姓名，也恳请权利人谅解。希望原文作者与编者联系，妥善解决版权问题。

　　联系方式：liuwenli2007@aliyun.com。

编　者